中国人的老规矩

臧长风◎编著

人民东方出版传媒
People's Oriental Publishing & Media
東方出版社
The Oriental Press

图书在版编目（CIP）数据

中国人的老规矩 / 臧长风编著 . -- 北京：东方出版社，2025. 9. -- ISBN 978-7-5207-4164-4

Ⅰ. K892.26

中国国家版本馆 CIP 数据核字第 202558TT98 号

中国人的老规矩

ZHONGGUOREN DE LAO GUIJU

编　　著：臧长风
责任编辑：高琛倩
出　　版：东方出版社
发　　行：人民东方出版传媒有限公司
地　　址：北京市东城区朝阳门内大街 166 号
邮　　编：100010
印　　刷：鸿鹄（唐山）印务有限公司
版　　次：2025 年 9 月第 1 版
印　　次：2025 年 9 月第 2 次印刷
开　　本：650 毫米 ×920 毫米　1/16
印　　张：16
字　　数：251 千字
书　　号：ISBN 978-7-5207-4164-4
定　　价：68.00 元
发行电话：（010）85924663　85924644　85924641

前言

中国自古以来就是礼仪之邦，文化底蕴深厚，礼仪规范闻名全球。在这个博大精深的文化宝库中，规矩就像是一块独特的拼图，构成了中华民族传统文化的重要组成部分。

规矩，俗称“老礼儿”，是我们的老祖宗流传下来的智慧结晶。无论你是鸿儒还是白丁，相信都能说上几句老礼儿。这些老礼儿源自我们先人千百年的社会实践和经验总结，是中华民族宝贵的精神财富。在中国，即便社会环境和生活方式发生了翻天覆地的变化，但规矩的重要性仍然不容忽视。规矩不仅代表了个人的素质和修养，更是一个国家文明程度的重要标志。

本书从治家、出行、交际、会客、仪态等多个角度，对《论语》《礼记》《增广贤文》《弟子规》《朱子家训》《居家杂仪》《颜氏家训》等经典古籍中的规矩教诲进行了汇总、整理和解析。通过白话文翻译和深入评析，力求让读者轻松阅读，增进知识、陶冶情操。

生活中的规矩包括尊敬长辈、孝顺父母、兄弟姐妹之间友爱互助等。出行时，我们要礼貌待人。在交际中，我们要学会尊重他人、理解他人的感受、待人接物真诚谦逊、不轻易许诺。在会客时，我们要热情周到、礼貌待人、不轻易得罪客人。在仪态方面，我们要注重仪表端庄、言谈得体、举止文雅，这些都是规矩的表现。

这些规矩的背后，蕴含着儒家思想“推己及人”和“正己化人”的精神。它教导我们以自己的行为规范去影响和感化他人，做一个有道德、有修养、有责任感的人。这种智慧和人文关怀，不仅对于个人的人生和社会发展有着重要的指导意义，也是构建和谐社会、文明社会的重要方式。

然而，在现代社会，随着经济的快速发展和社会的变革，人们对于规矩的认识和重视程度逐渐下降，有些人甚至将规矩视为过时的传统陋习。这种看法是错误的。在现代社会，年轻人往往面临更多的选择和挑战，他们应当加强对规矩的传承和学习，更好地理解并遵守规矩，以便在不断变化的环境中保持自我并取得成功。

因此，本书不仅提供了一系列关于规矩教诲的传统文化知识，也为年轻人提供了一些实用的指导和建议。通过对本书的阅读和学习，年轻人可以更好地了解并适应现代社会的各种规则和礼仪，从而更好地发挥自己的潜力，在社会竞争中立于不败之地。

本书的200多幅精美插图，旨在形象生动地展示古代规矩的历史渊源和文化内涵，帮助读者更好地理解和领悟其中的知识和智慧。希望通过阅读本书，读者能够深刻理解规矩的内涵和价值，将其融入日常生活，成为知书达理、遵纪守法、具有高尚品德的现代好公民。

最后要强调的是，规矩不仅是一种表面的行为规范，更是一种内心修养和追求。在传承及弘扬中华民族优秀传统文化的过程中，我们不仅要注重外在规矩的遵守，更要注重内在修养的提升。让我们共同努力，传承中华民族的优秀传统文化，构建一个和谐、文明、富有底蕴的现代社会。

目录

第一章　治家篇

第二章　出行篇

第三章　交际篇

第一章 治家篇

石令人古，水令人远

明·文震亨《长物志·水石》："石令人古，水令人远，园林水石，最不可无。要须回环峭拔，安插得宜。一峰则太华千寻，一勺则江湖万里。"

【释义】

石头和水体是园林建筑中必不可少的点缀，石头让人感受到古朴和典雅，水体让人感受到悠远和宁静。水石的设置要弯曲盘旋、陡峭挺拔，布局得当。造一峰则有华山壁立千寻之险峻，设一水则有江湖万里之浩渺。

【述评】

"石令人古，水令人远"这句凝聚了中国传统审美观念的名言，告诉我们石头和水体在审美体验中的重要性。在中国传统文化中，石头和水体不仅是自然界的元素，也是历史和文化的象征，它们承载着人们对自然、历史和艺术的热爱和敬仰。

石头，可以说是自然界的瑰宝之一，具有独特的审美价值。文人墨客通过对石头的欣赏和描绘，表达了对自然界的敬仰和喜爱。同时，石头也是历史和文化的载体，人们对石头的观察和研

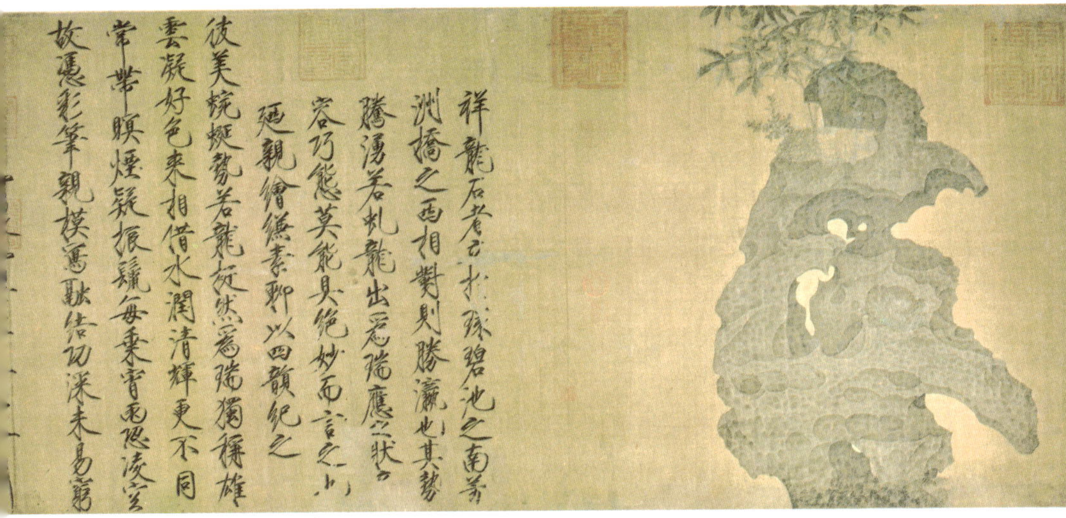

《祥龙石图》卷（局部）
（宋）赵佶　收藏于故宫博物院

图为北宋宋徽宗赵佶亲绘的一块太湖石，这块湖石是专从苏杭运至皇宫内苑供帝王妃嫔欣赏的，寓意吉祥安瑞。

究，可以追溯到上古石器时代。我们可以通过观察石头，感受到历史的沉淀和传承。

随着社会的发展，石头已经不再被当作生产工具使用，而那些具有美感的奇石则成为文人雅士的珍藏，并成为他们表现生活品位和审美趣味的重要载体。在家居中，摆放一些有文化内涵的石头，可以让居住者感受到中国传统文化的独特魅力。

除了装饰性和文化价值，石头在家居中还保留了实用性和功能性。例如，石头可以被用来制作实用的家居用品，如石头茶几、石头餐具等。在一些家居环境中，石头还可以被用来制作墙体、地面等，以提升居住环境的质感和舒适度。

水是生命之源，也是自然界中最灵动、最富变化的物质。在传统园林的设计建造中，水是不可或缺的元素之一，具有分隔空间、增加层次、调节气候等作用。同时，水也是一种具有哲学意义的象征，代表着流动、变化、深远等内涵。通过对水的欣赏和体验，人们可以感受到自然界的韵律和生命的无限可能。在室内设计中，水景的设置可以带来一股清新、自然的气息，让人有一种远离喧嚣、回归自然的感觉。

随着社会的发展和进步，人们的生活方式和审美观念也在不断变化。为了满足现代人的审美需求，设计师们在运用石头和水体的元素时，也需要融入一些现代元素和设计理念。例如，在材料的选择上，除了传统的石头和水体材料，还可以使用一些现代材料，如玻璃、金属等，创造出多元化的视觉效果。此外，在设计风格上，可以将石头和水体的元素与现代风格相结合，营造出既古朴又现代的审美氛围。

除了在现代设计中运用石头和水体的元素，人们也可以通过参与艺术活动来感受这些元素的美感。例如，参观奇石展览、观赏水景表演等，这些活动可以让人们更深入地了解和欣赏石头、水体的审美价值。人们也可以通过亲身体验来感受这些元素的美感，如参与石艺制作、水景设计等。这些活动不仅可以提高人们的审美水平，也可以促进文化传承和创新。

综合来看，在家居中加入石头和水体的元素，可以营造出古朴、自然、幽静、高雅、深远的氛围，使人在家中就能拥有远离喧嚣、回归自然的感觉。在中国的传统文化中，“石令人古，水令人远”表达了中国传统审美观念中的自然主义和历史主义倾向。人们通过对自然界的观察和研究，能够感受到生活的美好和历史的深远，从而更好地认识自身和世界。在当代，这些元素依然被广泛应用于审美和艺术创作中，成为人们表达情感、传承文化的重要载体。

古代园林欣赏

中国古典园林包括北方皇家园林和南方私家园林，两者都是古代传统园林的代表，更是人类重要的文化遗产。“堆山理水”的构景手法为中国古代造园的要素，讲求“师法自然”。明朝计成在造园专著《园冶》中提出“虽由人作，宛自天开”的造园理念。园内的山水之美寓意着古人崇尚自然，寓情于景，以及对崇高品行和美好自由生活的向往。

《楼阁图》册（节选）
（清）谢遂　收藏于故宫博物院

此册共八开，描绘了圆明园内的各式楼阁。圆明园是清朝时期修建的皇家园林，始建于康熙时期，雍正、乾隆时期均有扩建，是清帝王夏日理政避暑的场所。园林的建造极其气派，包括殿、堂、亭、台、楼、阁、榭、斋、塔、寺庙、道观等建筑群，园内景致多为江南园景风格，亭台楼阁与假山水景、回廊曲桥的设置相得益彰、环环相扣，因此又有“万园之园”的称号。园内宝物数不胜数，上至商周文物，下至明清珍宝。清末圆明园毁于英法联军的入侵，宝物被劫掠，园内建筑被烧毁。中华人民共和国成立后圆明园遗址被逐渐保护起来。

▼《东园图》卷（局部）

（明）文徵明　收藏于故宫博物院

东园位于江苏南京的钟山之东，相传是明太祖朱元璋赐给中山王徐达的“太府园”，图中描绘了文人在此处雅集聚会的场面。画中园内湖面波光粼粼，湖石疏置于湖内和岸边，碧树成荫，景色怡人。

▲《临袁江瞻园图》卷（局部）

（清）佚名　收藏于美国纽约大都会艺术博物馆

瞻园，位于江苏南京，明代园林，又名大明王府、金陵第一园，是江南四大名园之一。瞻园向来以园内交叠的假山景致闻名，假山的面积占全园面积的一半，叠山造景十分精美。

月朔望日献茶，然香镫

清·阮葵生《茶余客话》卷五《庶人家祭》：“月朔望日献茶，然香镫，行礼告事亦如之。”

【释义】

农历每月初一（朔）和十五（望）这两天，都要献上茶，点燃香和蜡烛，进行礼拜，祭祀祈祷也是相同的仪式。

【述评】

“月朔望日献茶，然香镫”是一种充满神秘趣味的家祭仪式，体现了人们对家庭生活的重视和对神的敬畏。这种仪式不仅是中国传统文化的重要组成部分，也是一种充满趣味性和吸引力的文化现象。

朔望是指农历每月的初一和十五，在古代的家庭生活中，是被视为特别重要的两个日子。人们相信，在此时，神灵会降临人间，并带来神秘力量。因此，人们会进行各种仪式，接神灵到来，祈求神灵的保佑。

在进行正式仪式之前，人们会洒扫庭院，清洁周围的环境。

仪式开始，点燃香和蜡烛，献茶礼拜，营造出神秘、庄重的氛围，让人们感受神灵的存在和力量。香气和烛光也增强了家居的氛围，使家庭更具温馨和浪漫气息，让家庭成员感到安宁和舒适。仪式完毕，人们会进行家庭聚餐。在睡觉前，点香一炷，大点火光，小打十板，以送天神。

清朝时，月朔望日的仪式非常郑重。主人和家众都要早起盥洗，点燃蜡烛和香，并依次排列进行礼拜和祭奠。在仪式中，主人上香后，子弟们奉上茶。主人献茶后，复位并率领众人行一跪三叩之礼。整个仪式过程庄重、神圣，表达了对祖先和神灵的敬畏之情，这是中国传统文化中非常重要的一部分。

此外，朔望仪式也体现了人们对家庭生活的重视。每月的初一、十五，不仅是神灵降临的日子，也是人们关注家庭生活的重要日子。此时，人们会进行一些家庭活动，如进行大扫除，邀请亲朋好友聚餐，以增进亲情、友情。

在现代社会，朔望仪式作为一种文化传统，仍具有重要的现实意义。这种仪式能够让人感受到家庭的温暖，增强家庭成员之间的凝聚力，还能让人们更充分地理解传统文化。

《拜月图》

（宋）佚名　收藏于台北故宫博物院

图中描绘的是女子对月焚香祈福的场面。八月十五中秋节是中国第二大传统节日。《礼记》记载：『天子春朝日，秋夕月。朝日以朝，夕月以夕。』『夕月』即为拜月。在这天，古人不仅拜月，而且家人还会一起吃团圆饭、赏月或游玩于街市。《东京梦华录》记载：『中秋夜，贵家结饰台榭，民家争占酒楼玩月，丝篁鼎沸。近内庭居民，夜深遥闻笙竽之声，宛若云外。闾里儿童，连宵嬉戏，夜市骈阗，至于通晓。』

《岁朝村庆图》

（明）李士达　收藏于故宫博物院

图中描绘的是乡野山村中古人庆祝新年的场面。大年初一，即春节，是中国古今最重要的节日之一，又称度岁、过年。这一节日源于商朝年尾的祭祀传统。在这个时期，中国各个民族都会举行盛大的祭祀活动，以祭拜先祖、祭祀神明。新年的头一天为除夕，除夕夜人们会打扫卫生、酬神祈年，家人围坐在一起吃团圆饭。

父母之年，不可不知也

先秦·孔子弟子及其再传弟子《论语·里仁》：“子曰：‘父母之年，不可不知也。一则以喜，一则以惧。’”

【释义】

孔子说：“父母的年龄不可不牢记在心。作为子女，一来因为父母高寿而欢喜，一来因为父母年纪日增而恐惧。”

【述评】

孔夫子教人，情感至真至诚，如此细腻，深入人心。钱穆先生曾评价：“孝子心情，甚当玩味。惟其忧乐之情深，故喜惧之心笃。”这是因为孝子深深牵挂着父母的年龄和健康，他们希望岁月能够流逝得慢一些，让父母的寿命长一些。然而，“人生七十古来稀”，在古代，能健健康康活到七十岁并非易事。

当子女长大成人，自立于世，父母却逐渐衰老，不知不觉间他们的额头上增添了皱纹，牙齿也开始松动。然而，却很少有人注意到这些变化，因为子女风华正茂，都在追求个人的前程。但当子女展翅高飞时，也要时刻铭记父母多年来的辛勤付出，应让父母安享晚年。

对父母的孝敬不仅限于子女对父母年岁的记挂，更体现在对生死的感悟。历尽艰险的人在回顾自己的一生时，往往觉得自己十分幸运，因为不知有多少次他们险些失去生命。即使是那些没有遭遇过危难的人，过了五十岁之后，也会觉得生命不易。子女对父母的年岁既感到欢喜，也感到忧虑。其实，在这方面不必过于纠结，否则会陷入抑郁或疯狂。对于无法改变的事情，人要淡然一些；对于能改变的事情，比如子女在父母生前多用心、多付出，将孝敬落到实处，让父母愉悦地生活，这才是最好的孝敬。

父母的年龄和健康是子女应时刻关注的事情，这不仅因为孝顺是子女应尽的责任，更因为父母在我们的生命中至关重要。让他们身体健康既是我们表达感恩的方式，也是我们尽孝的方式。

孔子的这两句话表达了一种人性关怀。它让我们明白，父母的年龄既是我们高兴的原因，也是我们担忧的原因。这种关怀和忧虑是人类最自然的情感表达。

孔子的这两句话也在提醒我们生命的短暂和珍贵。无论是父母还是我们自己，生命都在不断流逝。因此，我们应该珍惜每一刻，尽我们所能去孝顺父母，关心他们、照顾他们。同时，我们也要珍惜自己的生命，以最好的方式去生活、去实现自己的价值，做一个有道德、有情感、有责任感的人。

《二十四孝图》册（节选）

（明）仇英　收藏于台北故宫博物院

《二十四孝图》是古代宣扬儒家孝道、维护礼教的故事，赞扬古人敬老爱老、百事孝为先的担当。它由二十四个不同时代的故事构成，成书于元朝，流传甚广。

《大舜孝感动天》（局部）

舜的继母与弟弟对其不好，但舜却以德报怨。传说他的孝行感动了上天，在他耕地劳作时，就连大象和小鸟也前来相助。

《老莱子戏彩娱亲》

周朝的老莱子古稀之年父母依然健在，他时常穿着鲜艳的衣服，学婴儿哭闹，让父母开心。

《子路为亲负米》

孔子的学生子路家境贫寒，他经常扛着自己的俸米走百里地回家给父母吃，而自己却挖野菜吃。

《汉文帝亲尝汤药》

汉文帝刘恒的母亲生病时，他常常侍奉母亲左右，并亲试汤药后才给母亲服用。

居家用度，量入为出

西汉·戴圣《礼记·王制》：“家宰制国用，必于岁之杪。五谷皆入，然后制国用。用地小大，视年之丰耗，以三十年之通制国用，量入以为出。”

【释义】

原指在每年岁末时，等五谷都收进以后，要根据国家的收入制订国家的支出。现在的意思是说，在安排家庭生活时，要根据收入的情况来决定支出的多少，使收入和支出相互平衡，避免入不敷出。

【述评】

“量入以为出”，简简单单的五个字，却蕴含了丰富的经济智慧和管理思想。它告诉我们，家庭支出不能超过收入，要根据收入情况合理安排家庭支出，保证家庭经济的稳定。

在现代社会，许多人往往会陷入消费误区，导致财务状况堪忧。而“居家用度，量入为出”这一观念则给了我们很好的启示，提醒我们要根据收入情况来规划支出，保持家庭经济的平衡和稳定。这样不仅能够避免浪费和过度消费，更能够实现家庭的稳定发展。

在日常生活中，我们可以从一些小事入手，如规划好家庭的开支、控制自己的购物欲望、合理安排时间等。这些看似微小的行动，却能够逐渐培养我们的理财意识和能力，使我们在未来的生活中游刃有余。

此外，这句话也让我们思考家庭经济管理的重要性。在古代社会，家庭经济是社会稳定的基础，一个家庭的经济状况直接关系到家庭成员的生活和社会地位。因此，古人认为，家庭经济管理是必要的。这种思想在现代社会同样适用，我们也需要重视家庭经济管理，根据家庭收入情况制订合理的预算和支出计划，使家庭经济良性循环。这样不仅能够实现家庭的稳定发展，更能够为社会的稳定和发展做出贡献。

“居家用度，量入为出”这句话不仅体现了古代社会的经济思想和理财观念，也具有现代经济学意义。它提醒我们在日常生活中要注意家庭经济的平衡和稳定，勤俭持家，合理安排家庭支出，使家庭经济良性循环。同时，它也让我们认识到家庭经济管理的重要性，提高我们的理财意识和能力，为未来的美好生活打下坚实的基础。

《春景货郎图》(局部)
(元)佚名　收藏于台北故宫博物院

►《货郎图》(局部)
(明)崔子忠(传)　收藏于英国大英博物馆

长者先，幼者后

清·李毓秀《弟子规》：“或饮食，或坐走，长者先，幼者后。”

【释义】

用餐或者行走、就座时，要按照长幼次序，长者在先，幼者在后。

【述评】

按照长幼的次序就座，是对年长者的尊重和礼貌，也是社会公德的基本要求。在家庭中，应该让年长的成员先就座，以体现我们对他们的尊重和敬意。在学校里，应该让师长先行，以展现我们的谦逊和礼貌。在公共场合，应该按照规定的次序就座，以彰显我们的素质和教养。

南北朝时期的文学家丘迟曾说：“推赤心于天下，安反侧于万物。”这句话表达了将真诚之心推及天下，安抚世间一切不安的博大情怀。《弟子规》作为一本传统的儿童启蒙教材，其思想与这种“兼济天下”的精神一脉相承，提出了孩子们在生活、行为、道德等方面的规范和标准，旨在培养孩子们的品德和修养。其中，长幼有序的礼仪规范是其重要内容之一。通过遵循长幼有序的礼仪，孩子们能够学会为他人着想，时刻保持一颗仁慈之心。这种仁慈之心不仅是个人的品质，更是社会责任和义务的体现。

宋代文学家范仲淹的长子范纯仁就是很好的例子。他的名字“纯仁”寓意着纯朴仁爱之心。在父亲的教育和期许下，范纯仁不仅在家庭中表现出色，更是救助他人于危难之中，展现了仁爱之心。有一次范仲淹让儿子运一船粮食回江苏老家。范纯仁行船到半路，碰到了范仲淹的一个老朋友。父亲的这位故友向他诉说了自己的困境：他的父母已经去世，没有足够的钱安葬他们，还有一个女儿尚未出嫁，生活非常困难。范纯仁听后心生同情，想要帮助父亲的朋友，便毫不犹豫地卖掉了粮食。可还是不够，于是范纯仁又把货船卖了。这种慷慨和善良的举动让人深感敬佩。当他回到京城向父亲汇报此事时，先提到他决定卖掉粮食，但钱仍不够，范仲淹并没有责怪他，反而让儿子把船也卖了。范纯仁回答：“父亲，我已经把它卖了。”这句话展现出父子间的默契和理解。范仲淹并没有责怪儿子的决定，反而支持他的行为。正是这样的家庭教育，培养出了范纯仁这样优秀的儿子。

救助他人于危难之中是“推赤心”，对人尊敬有礼仪，同样也是“推赤心”。《弟子规》中的那些规矩，便有着推己及人的同理心。我们应尊重传统文化中尊老敬贤的思想，做到“长者先，幼者后”。这种思想不仅是一种美德和良好习惯，更是一种道德责任和社会义务。无论是在家庭、学校，还是社会中，我们都应遵循尊老敬贤的原则，尊重长辈、照顾年长者，维护社会的和谐与稳定。

在当今社会，随着经济全球化和文化多元化的发展，人与人之间的联系越来越紧密。在面对各种复杂的社会问题和挑战时，我们需要更多地关注他人，发扬团结互助、合作共赢的精神。只有一起践行尊老敬贤的传统美德，用一颗赤诚之心去关爱和帮助他人，互相关爱、互相支持、共同发展，才能实现社会的和谐与稳定。

《婴戏图》（宋）苏汉臣（传）收藏于台北故宫博物院

父母威严而有慧

南北朝·颜之推《颜氏家训·教子篇》："父母威严而有慈，则子女畏慎而生孝矣。吾见世间，无教而有爱，每不能然；饮食运为，恣其所欲，宜诫翻奖，应诃反笑，至有识知，谓法当尔。骄慢已习，方复制之，捶挞至死而无威，忿怒日隆而增怨，逮于成长，终为败德。"

【释义】

如果父母能够做到既威严又有慈爱，那么子女就会既敬畏又心生孝心。我看见世间那种没有教诲而只有溺爱的，常常不以为然。孩子自小到大，吃喝、一切行动不论对错，父母都恣意放纵，本来应该训诫反而赞扬，本来应当责备反而嬉笑。等孩子懂事时，便认为本当如此。骄慢的习性早已定型，才去制服他，就是打死他也难生威严，父母的愤怒只会增加子女对父母的怨恨。这样的孩子成年后，最终会成为品德败坏的人。

【述评】

父母是孩子的第一任老师，他们的教育方式对孩子的成长和发展有着深远的影响。在教育孩子的过程中，父母不仅要有威严，还要有关爱，这样孩子才能敬畏谨慎，从而产生孝心。

威严是指父母在孩子心目中的地位和权威，让孩子对父母产生敬畏之心。关爱是指父母对孩子的关心和爱护，让孩子感受到父母的温暖和支持。那么在教育孩子的过程中，父母应该如何做呢？

首先，父母要在教育中掌握好分寸。如果父母过于严厉，孩子可能会感到孤独和无助，导致他们失去自信和自主能力。相反，如果父母溺爱孩子，孩子可能会变得傲慢和自私，缺乏自律和责任感。因此，父母要掌握好教育的分寸，让孩子感受到自己的权威，同时给予他们足够的关爱和支持。

其次，父母要注重正确的方式和方法。在教育孩子的过程中，父母要注重引导孩子树立正确的价值观和道德观念。他们可以通过言传身教、榜样示范等方式来影响孩子。父母不能一味地满足孩子的欲望，更不能对孩子的错误视而不见。一旦孩子犯错，父母应及时予以纠正和惩罚，不能过度表扬或纵容。

最后，父母要注重培养孩子的品德。孩子的品德是他们未来成为何种人的关键因素。父母可以通过各种方式培养孩子的品德，如引导孩子阅读经典书籍、参加社会实践、关注社会问题等。通过这些活动，孩子可以更好地理解社会规则和道德准则，培养良好的品德。

然而，在现实生活中，很多父母都没有掌握好教育孩子的分寸。一些父母过于严厉，对孩子缺乏关爱和温暖，导致孩子产生逆反心理。另外，一些父母过度溺爱孩子，让他们养成骄横傲慢的习气，长大后就开始出现问题。这些教育方式都存在一定的缺陷，不利于孩子的健康成长。

有一位父亲叫李明，他非常注重对孩子的教育。他相信父母的威严和关爱是孩子成长的关键因素。他制定了明确的家规，要求孩子们必须遵守。如果孩子们犯了错误，他会给予适当的惩罚。同时，他也给予孩子们足够的关爱和支持，让他们感受到家庭的温暖和安全。他鼓励孩子们去探索世界，学会独立思考和自主生活。

《明皇训储图》卷（局部）
（清）佚名　收藏于美国大都会艺术博物馆

《窦燕山教子图》
（清）任薰　收藏于苏州博物馆

南宋王应麟《三字经》："窦燕山，有义方。教五子，名俱扬。"这两句话是对五代时期窦燕山教育儿子优秀成果的总结。他的五个儿子在他的教育下，均金榜题名。成语"五子登科"便是对其五子及第的赞称。

李明的孩子们非常敬重他，并且遵守家规。他们从小就学会了自律，具有责任感，懂得尊重和关爱他人。在成长过程中，李明的孩子们无论遇到多少困难和挑战，都能够勇敢地面对并克服。他们都成长为有担当、有责任心、有爱心的人。

相反，有一位叫王亮的父亲，他非常疼爱自己的孩子。他总去满足孩子的欲望，对孩子的要求百依百顺。他没有给孩子制定任何规则和限制，任由孩子自由地成长。这样的教育方式导致孩子非常依赖他，没有自律和责任感，缺乏独立思考和自主生活的能力，也缺乏对别人的尊重和关爱，总是以自我为中心。

由此，我们可以看出，父母在教育孩子时要掌握好威严和关爱的分寸。同时，父母要以正确的方式引导孩子树立正确的价值观和道德观。父母也要注重培养孩子的品德，让他们成为有担当、有责任心、有爱心的人。这样才能让孩子健康快乐地成长，未来成为社会的有用之才。

《允禧训经图》轴

（清）顾铭　收藏于故宫博物院

允禧，即爱新觉罗·胤禧，清朝康熙帝二十一子，封慎郡王。画面描绘的是他督教儿子读书的场景。

凡为家长，必谨守礼法

宋·司马光《居家杂仪》："凡为家长，必谨守礼法，以御群子弟及家众。分之以职，授之以事，而责其成功。制财用之节，量入以为出，称家之有无，以给上下之衣食，及吉凶之费，皆有品节，而莫不均壹。裁省冗费，禁止奢华，常须稍存赢余，以备不虞。"

【释义】

作为家长，必须谨慎遵守礼法，管理众多子女和家庭成员，为他们分配职责和任务，并监督他们成功完成。制定节约用财的制度，根据收入情况进行合理支出；根据家庭的经济状况来供给衣服、食物及吉凶之费，彰显自家品德节操，不偏不倚。裁减多余的费用，禁止奢侈和浪费，始终保持适当的节余，以应对不测。

【述评】

治家之道，重在"治"字。这不仅是为了家庭的繁荣，更是培养合格公民的重要途径，体现了"家国同构"的公民教育模式。作为家中的长辈，管理家庭和子女需要从多方面考虑。首先，礼

《山庄秋稔图》轴

（清）袁耀 收藏于故宫博物院

描绘了山中人家男耕女织，各司其职，其乐融融的场面。

《辟纑图》

（明）周臣　收藏于天津博物馆

辟纑，即将麻搓成线。山间茅屋内，一妇人正在搓麻，她旁边二童在认真读书，身后一女在做饭，俨然一幅妇人教子图。

法是家庭和社会道德的基石，家长应该谨守礼法，以正确的方式管理家庭和子女，引导家庭成员遵守社会道德和法律法规。

其次，在分配家庭职务和任务时，家长应根据家庭成员的实际情况和能力，合理分配并明确各自的责任，同时要求家庭成员完成任务。这样不仅能培养家庭成员的责任感和独立性，还能提高家庭管理的效率，促进家庭成员的友好协作。

再次，控制家庭开支也十分重要。家长应该制订合理的家庭开支计划，根据家庭的收入情况来制订支出计划，避免过度消费。同时，家长也应该节约开支，根据实际需要合理安排衣食和各种

费用的支出，避免因用财不当而导致的家庭矛盾和冲突。

最后，均等分配家庭财产是一个重要的原则，家长应该根据家庭成员的数量、年龄、性别、能力等因素，合理分配家庭财物，避免偏袒或不公，以保持家庭和谐。

此外，节约开支、存留盈余也至关重要。家庭应该有一定的储备金，以应对突发事件和未来的不确定性。同时，也要禁止奢华和攀比的心理，以保持家庭的简朴和节约。

总的来说，治家之道在于“治”，要以责任和成功为导向，分配职事并督促完成。家长应该以身作则，遵守社会道德和家庭规矩，控制家庭开支，均等分配家庭财产，禁止奢华，注重节约和储备，以保持家庭的和谐、团结友爱和稳定发展。同时，我们也应该借鉴古代家庭的管理经验和智慧，注重家庭教育，培养孩子的优良品德、责任感和独立性。

父母呼，应勿缓

清·李毓秀《弟子规》：“父母呼，应勿缓。父母命，行勿懒。父母教，须敬听。父母责，须顺承。”

【释义】

父母呼唤，应该马上应答，不能拖延。父母的吩咐，不能偷懒躲避。父母的教诲，必须恭敬聆听。父母的责备，必须顺从承受。

【述评】

家庭是社会的基本单位，家庭教育先于社会教育，是培养子女品德、才华，建立健康、和谐的家庭关系的重要途径。其中，建立和维护良好的家庭关系是家庭教育中的核心内容。

在古代家庭教育中，对待父母的礼仪是一项最基本的道德准则。父母是家庭的主要负责人，有着更为丰富的生活经验和智慧。子女应虚心听取父母的教诲，不断学习成长。同时，也要理解父母的良苦用心，感恩父母的教诲。这种尊重和感恩的态度可以促进家庭关系的和谐，为子女的成长和发展提供有力支持。

在家庭教育中，建立和维护良好的家庭关系也是至关重要的。

子女要认真听从父母的教导，虚心学习，不断进步。同时，也要积极参与家庭生活，承担家庭责任，对父母有礼貌、有敬畏之心。父母也应该注重与子女的沟通和交流，了解子女的需求和想法，与子女建立互相信任、互相尊重的关系。这种关系可以促进家庭成员之间的互动和合作，为子女的成长提供良好的环境。

在古代家庭教育训诫中，也强调了家庭中的等级和辈分关系。在传统家庭中，父母是家庭的主要负责人，有着绝对的权威和尊严。子女应该尊重父母的权威和尊严，不得对父母有不敬之举。同时，子女也要明确自己在家庭中的地位和责任，不得超越自己的身份和地位去做出不合适的行为。这种等级和辈分关系可以维护家庭的秩序和稳定，为子女的成长提供有力的保障。

另外，家庭教育中的道德教育也非常重要。子女的道德观念最早受到父母的影响，他们的言传身教对子女的成长和发展有着深远影响。父母在家庭教育中应该注重培养子女的道德品质，让子女树立正确的人生观和价值观。同时，父母也要以身作则，用自己的行为去影响和引导子女，让子女在家庭教育中得到全面的成长和发展。

古代家庭教育对于现代家庭教育也有着很大的启示意义。在家庭教育中，应该注重培养子女对父母的尊重和感恩之心，让子女学会回应父母的呼唤、听从父母的教导，以建立良好的家庭关系。

古代母亲的德行教育

重视家庭教育是中国人的传统观念，父母都期望子女成才，品行端正。中国古代有很多父母言传身教的故事。例如，孟子的母亲多次迁居，防微杜渐，又“断织劝学”，以身作则；岳母刺字，教育岳飞要为国尽忠等。

《孟母三迁》

选自《御世仁风》明刊本　（明）金忠一纂辑

南宋王应麟《三字经》：『昔孟母，择邻处。』这句话便是对孟母教育孟子方式的概括。孩子从小的生长环境会在无形中影响其成长经历，孟母为了让孩子有良好的学习环境，多次搬家，用心良苦。

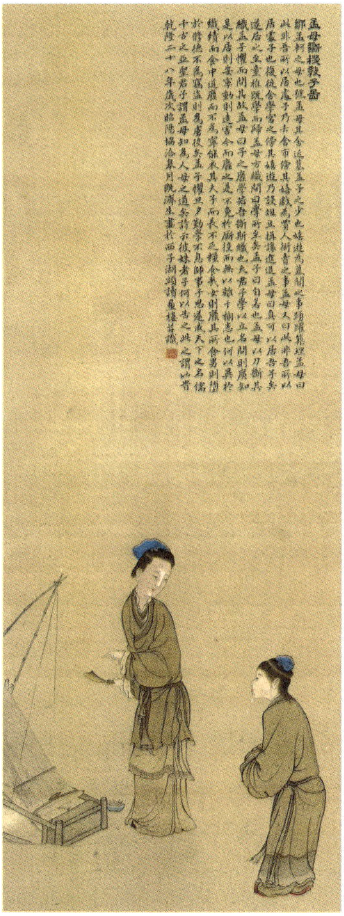

《孟母断机教子图》(局部)
(清)康涛　收藏于故宫博物院

南宋王应麟《三字经》:“子不学，断机杼。”这句话彰显了孟母对孟子的教育态度。

《岳母刺字》(节选)　佚名　现藏不详

岳母指的是抗金将军岳飞的母亲，古代四大贤母之一。关于“岳母刺字”的故事，正史并无记载，最早出现于元朝《宋史本传》中:“初命何铸鞫之，飞裂裳以背示铸，有‘尽忠报国’四大字，深入肤理”。“岳母刺字”这一故事已被当作古今母教的典范。

父命呼，唯而不诺

西汉·戴圣《礼记·玉藻》："父命呼，唯而不诺，手执业则投之，食在口则吐之，走而不趋。亲老，出不易方，复不过时。亲癠，色容不盛，此孝子之疏节也。"

【释义】

当父亲呼唤儿子时，儿子应该用"唯"回答，而不是"诺"。因为"唯"表达了敬意，同时意味着要放下手中的事情，立即吐出正在吃的东西，并以小跑的速度回应，不能懈怠。作为子女，我们要尊重并关心双亲。当双亲年老时，我们不能随意改变去处，必须按照承诺的时间回家，以免让父母担心和挂念。如果父母生病或者气色不好，说明作为子女的我们疏忽了对他们的关心和照顾。

【述评】

孝道是儒家的核心道德观念，深深地烙印在人们的心中。孝道强调的是子女对父母的尊敬和顺从。这是一种强大的家庭价值观，它强调了家庭的角色和责任，以及子女对父母无条件的忠诚。这种观念至今仍在中国的传统文化中占据重要地位。然而，在现代社会中，这种观念已逐渐发生了变化。

首先，孝道要求子女对父母的呼唤迅速作出回应，这体现了对父母的尊敬和顺从。当父母呼唤时，孝子立刻放下手中的食物，甚至吐出正在咀嚼的食物，小跑着回应。这不单是表面行为，更是一种发自内心的尊重和关怀。当然，这种尊重和顺从并不是盲目的。孝子需要分辨是非，理解父母的意图，有所取舍，而不是盲目听从。

其次，孝道强调子女在陪伴年老的父母时，应时刻关注父母的身体健康和需求。当父母年老或者生病时，子女应当尽快回到父母身边，时刻关注病情的发展，关心和照顾父母。这表明孝子应该把照顾父母的身体和需要作为自己的责任。无论何时，只要父母需要，孝子都应放下手中的事情，回到父母身边。这种责任感和行动就是孝道的体现。当父母生气或不满时，孝子应该保持冷静和谦逊的态度，接受父母的责备和批评。这表明孝子应该把父母的感受放在心中最高的位置，并尊重他们的意见。

然而，现代社会对孝道提出了挑战。一方面，过度强调孝道可能被认为是过于保守和过分依赖传统文化。在现代社会中，个人的自由和独立性越来越受到重视。人们越来越强调个人选择和自主权。因此，过度的孝道可能被视为一种束缚，限制了个人的自由发展。另一方面，过度顺从父母，可能导致过度依赖父母的情况出现。如果一个人总是听从父母的安排和要求，那么他可能会失去独立思考和决策的能力，这对他的个人成长和发展可能产生负面影响。

尽管孝道观念在现代社会中面临着挑战和质疑，但关心和照顾父母的观念仍然受到重视。我们应该认识到，现代社会并不是完全否定传统的孝道观念，而是对它提出了新的挑战和要求。我们应该根据现代社会的特点，重新对孝道进行审视。

首先，我们应该继承和发扬优秀的传统文化价值观，特别是孝道中的尊敬和顺从。这是我们作为子女的基本责任和义务。但是，我们也需要适应现代社会的变化，注重个人自由和独立。我们应该有自己的独立思考和判断能力，而不是盲目地顺从父母。这并不意味着我们要完全放弃孝道，而是要重新定义和理解孝道。

其次，我们应该重新审视孝道中的责任感和行动。在现代社会，虽然个人的自由和自主权很重要，但是我们仍然需要关注和照顾父母，尽自己的责任，为父母提供必要的帮助和支持。无论是物质上还是精神上，我们都应该尽力满足父母的需求。

最后，我们应注重个人的成长和发展。虽然孝道强调子女对父母的顺从和尊敬，但这并不意味着我们要完全放弃自己的发展和成长。我们应该有自己的人生目标和规划，实现自己的个人价值和社会价值。

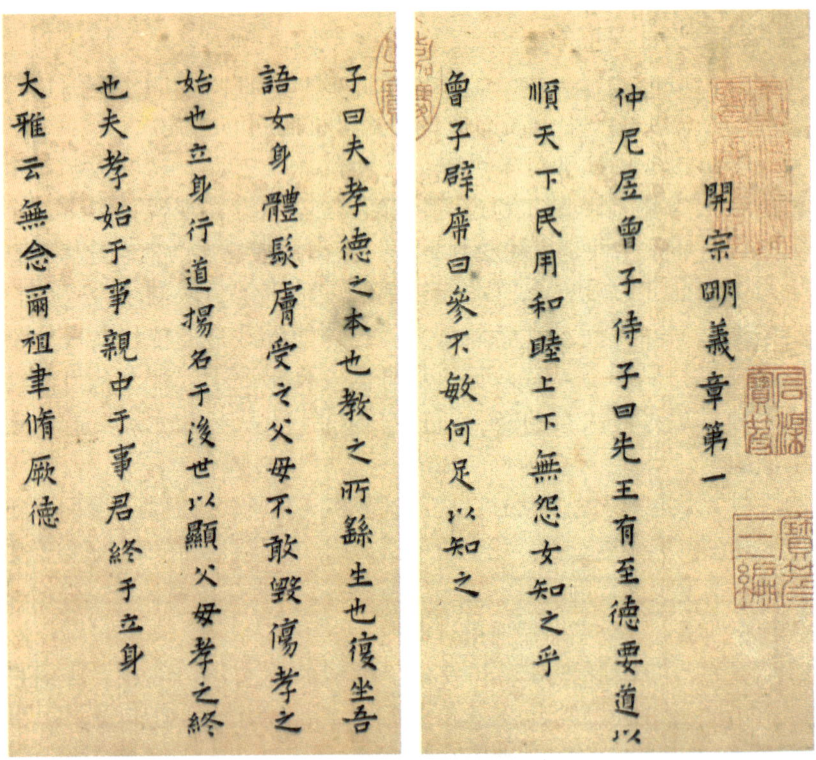
開宗明義章第一
仲尼居曾子侍子曰先王有至德要道以
順天下民用和睦上下無怨女知之乎
曾子辟席曰參不敏何足以知之
子曰夫孝德之本也教之所繇生也復坐吾
語女身體髮膚受之父母不敢毀傷孝之
始也立身行道揚名于後世以顯父母孝之終
也夫孝始于事親中于事君終于立身
大雅云無念爾祖聿脩厥德

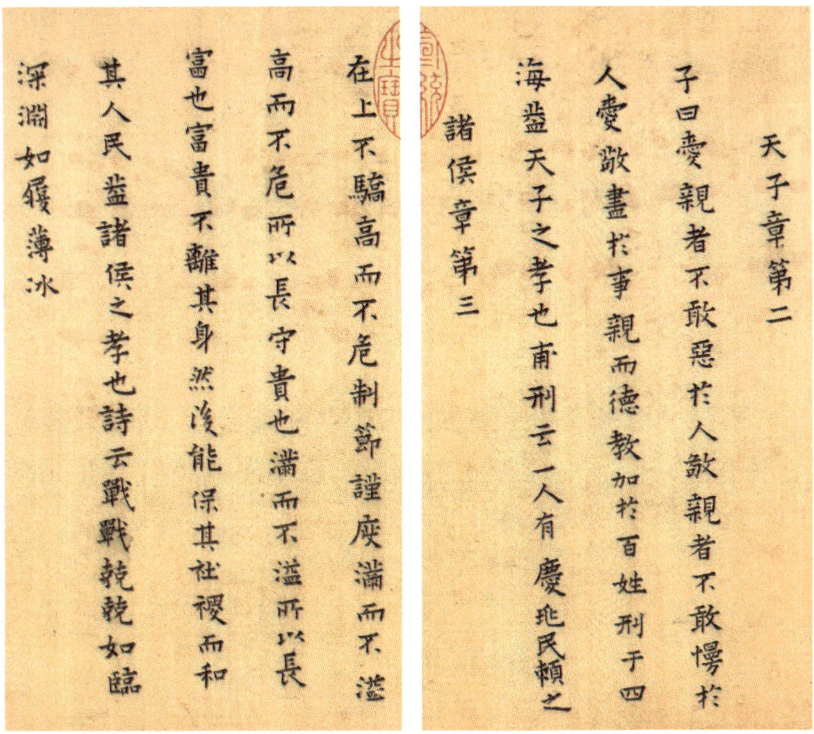

天子章第二
子曰愛親者不敢惡於人敬親者不敢慢於
人愛敬盡於事親而德教加於百姓刑于四
海蓋天子之孝也甫刑云一人有慶兆民賴之
諸侯章第三
在上不驕高而不危制節謹度滿而不溢
高而不危所以長守貴也滿而不溢所以長
富也富貴不離其身然後能保其社稷而和
其人民蓋諸侯之孝也詩云戰戰兢兢如臨
深淵如履薄冰

《孝经》册（节选）

（明）蔡玉卿　收藏于台北故宫博物院

《孝经》是儒家经典之一，专讲“孝道”，书册共十八章。《孝经》将“孝”与国家的治理、家庭的和谐联系起来，将道德与法治联系起来，用“孝”教化众人，是维系社会和谐的经典专著。

为人子者，居不主奥

西汉·戴圣《礼记·曲礼》：“为人子者，居不主奥，坐不中席，行不中道，立不中门。食飨不为概，祭祀不为尸。听于无声，视于无形。”

【释义】

作为儿子，不能住在房屋西南的尊者位置，吃饭时不能坐在正席上，出门行走时绝不从道中央阔步通过，站立时不会挡在门中央。用餐时不擅自做主限量，参加祭祀时不当主祭人。同时，要学会察言观色，在无形中接受父母的教诲。

【述评】

在古代社会，子女在父母面前有着严格的礼仪规范。首先，这些规范不仅体现了对长辈的尊重和孝顺，也体现了社会秩序。在现代社会中，虽然这些礼仪已经逐渐淡化，但我们仍然应该尊重长辈、关爱家人、以孝为先，弘扬中华民族的优秀传统美德。

其次，这些规定也体现了古代社会的等级制度。在古代社会中，尊卑有序、长幼有序，子女在父母面前必须表现出对长辈的尊重和孝顺。这些行为规范和尊卑观念，反映了当时社会的等级制度和礼仪规范。

在现代社会中，虽然尊卑观念已经逐渐淡化，但我们仍然应该了解和尊重传统文化中的等级制度和礼仪规范，这对我们了解古代文化和社会制度有着重要作用。尊老敬亲是中国传统文化中的重要概念，也是中华民族的传统美德之一。在古代社会，子女在父母面前的礼仪规范是社会秩序的一种体现，也是对长辈尊重和孝顺的表现。通过这些规定，我们可以了解到古代社会的家庭关系和社会秩序，从而更好地理解古代文化和思想。

然而，这些规定也存在一些问题。首先，一些礼仪规矩过于烦琐和形式化，不利于实际执行。在现代社会，由于人们生活方式的变化，这些礼仪已经逐渐淡化或改变。我们应该根据现代社会的实际情况理解和应用这些规定。其次，这些规定过度强调了父母的地位和权威，忽略了子女的人格和权利。在现代社会，我们应该尊重个体权利，更加注重平等和尊重，而不是过分强调尊卑和权威。

总的来说，这段文字所阐述的子女在父母面前的礼仪规范是传统文化的一种体现，它不仅是对子女个人的行为规范，也是对整个家庭和社会的教化。它让人们明白了在日常生活中应该如何表现出对长辈和社会的尊重与感恩。对于这段文字，我们需要结合具体的历史文化背景，并且在现代社会价值观和个体权利的框架下进行解读与应用。

《重屏会棋图》(局部)
(五代)周文矩　收藏于故宫博物院

古代方桌座次的尊卑顺序为“尚左尊东”，古人以左为上、东为尊。由此我们可以看出，图中面朝我们且戴高帽的为南唐中主李璟本人。以李璟为起点，由左至右为他的二弟景遂、四弟景逖、三弟景达。我们可以看出，他们的座次是严格遵循了长幼尊卑的排序原则的。

▶《岁朝欢庆图》(局部)
(清)姚文瀚　收藏于台北故宫博物院

在古代，等级制度是维系君王统治和家长地位的支柱。古代实行封建大家长式管理制度，每个大家族犹如一个小社会，严格遵守“礼法”。子女对父母的礼体现在方方面面，无论是日常家庭礼仪还是家族礼法，作为子女都需要时刻遵守。

父母有疾，冠者不栉

西汉·戴圣《礼记·曲礼》："父母有疾，冠者不栉，行不翔，言不惰，琴瑟不御。食肉不至变味，饮酒不至变貌，笑不至矧，怒不至詈。疾止复故。有忧者侧席而坐。有丧者专席而坐。"

【释义】

父母生病，成年的儿子不能梳头打扮，走路时不能甩开双手，不能乱说笑，不能弹琴鼓瑟。肉不能吃太多，酒不能喝到脸红醉酒，笑不露齿，发怒不骂人。要等父母病愈，才能恢复正常生活。对于父母有疾病而心怀忧伤的人，在席上要侧身而坐。服丧的人，则应坐在单独为其铺设的席上。

【述评】

通过这段文字可见，在古代，孝顺的子女在父母生病时，其行为礼仪非常严格，体现了孝道和家庭和谐的传统美德。

当子女得知父母生病后，就像进入了一种特殊状态。他们不再注意自己的外表，连梳头都显得多余。走路时，也放弃了潇洒的步伐，换成了稳重、缓慢的步伐，甚至连笑都不肯笑，生气时也不能骂人，简直是一尊“佛像”。

为了表达对父母的关心和尊重，他们连娱乐活动都放弃了。弹琴、驾车、品尝美食这些平时喜欢做的事情，统统都被放在了一边，简直像是换了一个人，把所有注意力都放在了照顾父母上。

更令人感动的是，当家庭中有丧事时，子女更是表现出了极度的哀痛和尊重。他们不仅坐在单独的席上，更是全身心地投入到悼念逝者的仪式中。他们的行为，无疑是传统家庭价值观最好的体现。

总的来说，这段文字描述了子女在父母人生重要时刻的礼仪行为，表现了传统孝道与家庭和谐的美德。这种孝道文化不仅是一种道德准则，更是一种精神信仰。一些行为规范虽然有些过时，但其中的精神仍然值得我们学习和借鉴。在现代社会，我们应该尊重长辈、关心家人、保持情绪稳定，以关心、理解、支持的态度来对待家人，共同维护家庭和谐、稳定和幸福。

《张公艺九世同居图》卷（局部）

（元）赵孟頫　收藏于台北故宫博物院

《资治通鉴》记载："寿张人张公艺九世同居，齐、隋、唐皆旌表其门。上过寿张，幸其宅，问所以能共居之故，公艺书'忍'字百馀以进。上善之，赐以缣帛。"唐人张公艺，寿九十九岁，可谓"九世同堂"。张家九代有几百人，他们共同居住，相处十分和谐，家庭秩序也是井井有条，他的家族是古代"治家有方"的范例。

凡为人子之礼，冬温而夏清

西汉·戴圣《礼记·曲礼》：“凡为人子之礼，冬温而夏清，昏定而晨省，在丑、夷不争。”

【释义】

作为儿子的礼节包括冬天为父母保暖，夏天为父母消暑；晚上服侍父母安寝，早晨向父母请安。与兄弟姐妹相处时，不要争吵。

【述评】

这句话对尊敬、孝顺父母提出了具体的要求，这种尊敬和孝顺不仅表现在言语和行为上，更是一种发自内心的情感表达。“冬温而夏清”表明子女应该根据季节变换来照顾父母。冬天要保持温暖，夏天要保持清爽。这不仅是一种物质上的照顾，更是一种精神上的关注。在冬天，子女应该考虑到父母的保暖问题，比如提供温暖的衣物、烧热炕等；在夏天，则应该考虑到父母的纳凉问题，如提供凉爽的房间、准备解暑的饮料等。这种关注体现了子女对父母的关爱和尊敬。

“昏定而晨省”强调了子女在早晚两个重要时刻应该对父母表示关心。晚上服侍父母安睡，早晨探望，这体现了子女对父母

《临元人四孝图》卷（局部）

（元）佚名　收藏于台北故宫博物院

此图卷描绘了四则民间的孝道故事。画面依次为北宋王武子妻割股救婆母、三国陆绩怀橘奉母、晋朝王祥江上卧冰求鲤、东汉曹娥投江殉父。

《春夜宴桃李园图》(局部)
(明)仇英(传) 收藏于台北故宫博物院

画面描绘的是李白与他的四位从弟在桃李园聚会的场景。画中人相谈甚欢，其乐融融，满是兄友弟恭的氛围。

的关怀和敬意。在古代，早晨和晚上是人们最放松、最需要关心的时候，子女在此时对父母表示关心，能够增强父母的安全感、幸福感。在现代社会，由于生活节奏加快，很多人可能无法亲自照顾父母，但是可以通过电话、网络等方式在早晚对父母表示关心。

“在丑、夷不争”强调了子女之间应该和平相处，不因小事而争斗。在家庭中，兄弟姐妹之间出于各种原因而发生争执是常

有的事情，但是作为子女，应该互相尊重、互相帮助。这不仅能够促进家庭和谐，也有利于整个社会的稳定。在现代社会，这种和平相处的原则不仅适用于家庭，也适用于朋友、同事之间的相处。

中国古代礼仪的重要性不言而喻，礼仪能够维持社会秩序，使人们相互尊重、和谐共处。当然，在今天的社会中，我们应当对这种传统文化进行批判性的继承和发扬。我们在尊重父母，关心他们的生活，表达对他们的爱和关心的同时，也要注重个人的自由发展。在家庭和社会的利益发生矛盾时，应当注重社会的公正和公平。

夫为人子者，出必告，反必面

西汉·戴圣《礼记·曲礼》："夫为人子者，出必告，反必面；所游必有常，所习必有业。恒言不称老。年长以倍，则父事之；十年以长，则兄事之；五年以长，则肩随之。群居五人，则长者必异席。"

【释义】

作为儿子，外出时必须告知父母，返家后必须面见父母。出游时，应前往熟悉的地方，避免冒险。学习的内容应该是正业，不得自称为年长者。对于年长一倍的人，应以父礼相待；对于年长十岁的人，应以兄长之礼相待；对于年长五岁的人，则应并肩而行。当五个人相聚时，必须为长者设置专席。

【述评】

这段话主要讲的是子女在行为举止上应遵循的规范，包括尊敬长辈、守礼自律、勤学求进等。其中，"出必告，反必面"是指在出门时要告诉父母自己的行踪，回来后要向父母报平安，体现了对父母的尊重。而"所游必有常，所习必有业"则要求子女行动要有规律，学习要有方向，好让父母放心。这不仅是一种礼仪规范，更是一种道德准则。

接着，“恒言不称老”是告诫子女要时刻记得家里尚有老人，不应以年老自居，而是以德行和才智为重，这是对子女的一种约束，也是尊重和关心父母的表现。推己及人，“年长以倍，则父事之；十年以长，则兄事之；五年以长，则肩随之。群居五人，则长者必异席。”这几句话进一步阐述了子女应该如何对待年长者——根据年龄和身份的不同，社会上对长辈有不同的尊重和礼仪。这种等级分明的礼仪制度，体现了中国古代社会尊卑有序、长幼有节的传统观念，也体现了对长辈的尊重和照顾。

尊敬长辈是中华民族的传统美德，这种美德在今天的社会中同样具有十分重要的意义。无论时代如何变迁，子女对长辈的尊敬和关心都应该保持不变。在今天这个浮躁、快节奏的社会中，很多年轻人在忙碌的生活中忽视了长辈，这种行为是不可取的。我们应该时刻铭记尊敬长辈的传统美德，以自律的态度对待自己和他人，以行动体现对长辈的尊重和关心。

守礼自律也是中华民族的传统美德，它不仅是一种自我约束的方式，更是一种尊重他人、尊重社会秩序的表现。在家庭教育中，守礼自律也是必不可少的内容。一个良好的家庭教育环境可以培养出有良好道德品质和行为习惯的优秀子女。相反，一个不良的家庭教育环境则可能使子女在品德、性格、行为等方面出现问题。

除此之外，这段话还强调了勤学求进的重要性。在古代社会，学习不仅是为了获取知识，更是为了提升自己的品德和修养。在现代社会，虽然获取知识的方式和途径更加多样化，但学习仍然是一个人成长和发展的重要途径。通过不断学习，我们才能不断提升自己的能力和素质，更好地适应社会的发展和变化。

尊敬长辈、守礼自律、勤学求进等都是我们在日常生活中应该做到的。同时，我们应该注重家庭教育，为子女的成长创造良好的环境。当然，这些规范也存在一些问题。例如，在强调长幼有序时，忽略了人格上的平等和尊重；在强调尊老时，可能成为对年轻人的自主性和创造性的压制。因此，我们在传承这些传统文化的同时，也需要根据现代社会的特点进行适当的调整和创新。

《贤母图》（局部）
（清）康涛　收藏于首都博物馆
画面中母亲对即将外出的儿子进行教诲，儿子认真聆听，对母亲依依不舍。

《望贤迎驾图》轴

（宋）佚名　收藏于上海博物馆

唐朝『安史之乱』时，唐玄宗李隆基南逃到蜀地，其子李亨趁机登基称帝。叛乱被平定后，唐玄宗返回长安城，唐肃宗亲自到『望贤驿』迎接。画面中的太上皇李隆基白发苍苍，身着红袍的唐肃宗李亨站在一旁迎接他的归来。

百凡器用，皆当严肃整齐

南宋·朱熹《童蒙须知》：“凡为人子弟，当洒扫居处之地，拂拭几案，当令洁净。文字笔砚，百凡器用，皆当严肃整齐，顿放有常处，取用既毕，复置原所。”

【释义】

作为孩童，应当经常打扫住所，擦拭几案，保持住所洁净。家里的各种文具、用具，都应当放置得井井有条，每次用完后，都要放回原处。

【述评】

在古代，有一个富商，他拥有许多房产和珍贵器具。然而，他却没有保持房屋和器具的洁净，导致房屋破旧不堪，器具生满锈迹。有一天，一位老人来到富商家中，发现他的家庭状况十分糟糕，房间里的物品随意摆放，灰尘和污垢无处不在。老人感叹道：“你家中的器物虽然珍贵，却不如普通人家里洁净。这样的家庭，丢了治家之本啊。”听到这些话，富商深感惭愧，决定改变这一切。

“当洒扫居处之地，拂拭几案，当令洁净”，这句话不仅适用于古代家庭的治理，也适用于现代的生活。无论是富裕家庭还是普通家庭，保持家庭洁净和整洁都是必要的。保持家庭整洁需要家庭成员的共同努力，每天花一些时间整理房间，定期邀请家人进行大扫除，是实践的好方式。这不仅关系到家人的健康，还被视为一种美德。

除了追求洁净，我们同样需要重视家庭的秩序感。这种秩序感是一种对生活的追求，体现了我们对生活的尊重和热爱。当家中物品摆放混乱时，我们难以快速找到需要的物品，无形中也会加重心理负担。想象一下，当你需要一份重要文件，却因为整个书房都堆满了杂物而找不到时，那种焦虑和紧张的感觉会让你一整天都心情烦躁。当你在厨房寻找一包盐，却因为调料瓶摆放混乱而找了半天，那一刻你对生活的耐心和热情也会被消磨殆尽。

相反，如果我们能将家中的物品有序摆放，我们的生活会更加便利，整个家庭也会更加和谐美好。一个整洁有序的家，就是一个温馨的港湾，能够让我们在繁忙的生活中得到安慰和放松。在这样的环境中生活，我们会感到身心愉悦，仿佛所有压力和烦恼都被一扫而空。

为了让家庭变得更加和谐美好，我们可以在每天下班后花上十几分钟，整理书桌、归置厨房或整理衣柜。定期进行大扫除也是很有必要的，可以让整个家庭焕然一新，让我们在舒适的环境中享受生活的美好。

家庭的秩序感不仅是为了让我们生活得更加舒适，更是体现了我们对生活的热爱。我们应从点滴小事做起，共同营造一个和谐、美好、幸福的家庭和社会环境。

《红楼梦》中贾府的室内布置

选自《清孙温绘全本红楼梦图》册 （清）孙温 收藏于旅顺博物馆

《红楼梦》是中国古代四大名著之一，又名《石头记》。它描绘的是贾、史、王、薛四大家族的日常故事，是清末封建社会的真实写照。由于故事背景主要围绕贾府（宁国府）展开，因此孙温的画册背景多为贾府。在森严的等级与礼制下，古代大户人家十分重视室内与景观的布置、陈设。孔子曾提出：『居室乃修养之所本，一室不治，何以天下为？』在室内的布局中，尤以厅堂、书房及卧室的布置为主。《红楼梦》中，宁国府这样的世家大族无论是室内陈设还是园中造景，都十分讲究，屋内外器具有序摆放，用人时常清洁卫生，以保持舒适洁净的居住环境。我们选取了几幅图画供大家欣赏清朝大家族府邸的家居布置。

《王熙凤协理宁国府》

《贾政游园同归书房》

门户之衰，总由于子孙之骄惰

清·王永彬《围炉夜话·第七十五则》：“观周公之不骄不吝，有才何可自矜？观颜子之若无若虚，为学岂容自足？门户之衰，总由于子孙之骄惰；风俗之坏，多起于富贵之奢淫。”

【释义】

看到连周公这样的贤人都不骄狂不鄙吝，有才的平凡人又有什么值得自夸自负？看到连颜回这样的贤人都虚怀若谷，做学问的人又怎么能够自满自足？家世门第的衰败，往往是因为子孙们的骄傲怠惰；社会风气的败坏，大多缘于过度讲求物质的奢华。

【述评】

这段话提醒我们不要因为自己的才能而自大自满，也不要因为一时的成功而自满自足。同时，它也警告人们不要过于追求奢侈放纵，以免败坏社会风气。

先说说周公这位传奇人物。周公姓姬名旦，是周武王之弟，因封在周地（今陕西省岐山以北），故称周公。他辅佐武王伐纣灭商，功勋卓著，是西周初期一位杰出的政治家和军事家。武王去世后，成王年幼，周公摄政。为巩固周朝的统治，周公制定了一系列典章制度，史称“周公制礼”，影响后世几千年。周公去世后，其业绩被子子孙孙永久景仰，其思想和精神也被传承和发扬。

周公作为一位功勋卓越、德高望重的历史人物，从不骄傲自大、炫耀自己的功绩和才华，而是始终保持谦虚谨慎、勤奋求实、关爱百姓的优秀品质。这种品质，对于一个身居高位、手握大权、拥有荣耀和财富的人来说，是难能可贵的。我们应该学习周公，即便有才能，也不能因此而自鸣得意、骄傲自满，更不能因此而目空一切、轻视他人。只有保持谦虚、勤奋、努力，才能不断取得更高的成就。

再来说说颜回，他是孔子的一位弟子，孔门十哲之一。他虽然天资聪颖，却从不自以为是，始终保持虚心求教、追求真理的态度。他不仅深刻理解孔子的思想，而且能够将其运用到日常生活中，真正做到了学以致用。我们应该效仿颜回，在学习的过程中，保持谦虚、勤奋的品质，不断追求进步和发展，而不是满足于现状，停滞不前。一个人的学问和成就，不是一蹴而就的，而是通过不断的学习、借鉴、探索和创新获得的。只有不断超越自己，不断拓宽视野，才能在学术领域取得更高的成就。

这段话的后半部分是警告那些骄惰之人，要反思自己的行为，不要过于放纵、奢侈、浪费，以免败坏家族和社会风气。一个家族或学派之所以能够长久地兴盛和发展，离不开其传承和创新。只有后代继承和发扬前人的优秀品质和传统，才能使家族或学派得以持续发展。反之，如果后代骄傲自大、懒惰奢侈，那么家族或学派的衰落也就不可避免了。

一个社会或某个地域的良好风俗是经过长期历史积淀形成的，它对社会的和谐稳定和人们的生活有着重要影响。但是，如果社会或该地域的后人不重视继承和发扬良好的风俗，而是追求奢侈享乐，那么这种良好的风俗就会被逐渐破坏，导致社会混乱动荡。

这段话是中国传统文化中的经典名言，它蕴含着深厚的人生智慧和社会价值观。通过对周公、颜回等历史人物进行品评，对骄傲、懒惰、奢侈等不良品质进行批判，告诫后人要继承和发扬谦虚、勤奋、节俭等优良品质和精神。这不仅是个人成长和发展的基础，也是社会和谐稳定的重要保障。

▼《仕女戏婴图》(局部)
(清)丁观鹏　收藏于美国弗利尔美术馆

画卷描绘的是富家孩童学习与交流的场面。

周公像

选自《历代帝王圣贤名臣大儒遗像》册
（清）佚名　收藏于法国国家图书馆

颜回像

选自《至圣先贤半身像》册
（元）佚名　收藏于台北故宫博物院

食不厌精，脍不厌细

先秦·孔子弟子及其再传弟子《论语·乡党》：“食不厌精，脍不厌细。食饐而餲，鱼馁而肉败，不食。色恶，不食。臭恶，不食。失饪，不食。不时，不食。割不正，不食。不得其酱，不食。肉虽多，不使胜食气。惟酒无量，不及乱。”

【释义】

孔子日常饮食讲“礼”，粮食不嫌舂得精，鱼和肉不嫌切得细。粮食腐败发臭了，鱼、肉腐败了，都不吃。食物的色泽不新鲜了，不吃。难闻，不吃。烹饪不当，不吃。不到饭时，不吃。肉切得不方正，不吃。调味酱料放得不适当，不吃。席上的肉虽多，但吃得不能超过主食。只有饮酒没有限制，但不能喝醉。

【述评】

这段话详细讲述了孔子在饮食方面的礼仪。第一句话“食不厌精，脍不厌细”，粮食舂得越精越好，肉切得越细越好。实际上，蔬菜、水果都很有营养，只要能够吸收就是好的。额外补充营养物质，如各种维生素、钙片、蛋白质等，如果身体无法吸收，这些营养物质就会被排出体外，无法发挥其效用。因此，真正提高消化吸收能力的方法是保持清净心，使身体保持最优状态。只要摄入少量饮食，就能满足营养需求。

除上述内容外，孔子还强调了饮食卫生的重要性。他在《论语·乡党》中说："沽酒市脯，不食。"沽酒市脯是指路边小摊卖的酒和肉，这些食品质量难以保证，容易吃坏肚子。这也是我们现代人应该注意的问题。要选择干净卫生的餐馆用餐，尽量避免食用生或半生的肉、鱼、蛋等食品。

然后，孔子列举了一些他不愿食用的食物，如"色恶，不食。臭恶，不食"。这些食物要么色泽不新鲜了，要么气味难闻。这些细节反映了孔子对于食物的审美和品位的追求。他不仅注重食物的味道，还注重食物的外观和气味。还有"失饪，不食。不时，不食"。这些食物要么是烹饪不当，要么不在饭时。这些细节反映了孔子不仅注重食物的味道，还注重食物的烹饪方式和饮食时间。这种态度体现了孔子对于生活的热爱。

此外，孔子还强调了用餐的礼仪和规矩，如"割不正，不食"。这句话的意思是肉切得不方正，不吃。这反映了孔子对于礼仪和规矩的重视。

最后，孔子强调了饮食的适量和饮酒的控制，如"肉虽多，不使胜食气。惟酒无量，不及乱"。肉虽然多，但吃得不能超过主食的分量；喝酒虽然不限量，但不能喝到醉酒。这反映了孔子重视适量饮食和饮酒。孔子还提倡"饮酒以礼"，即在饮酒时要遵守礼仪。在《论语》中有一段描述孔子与弟子子路对话的记录，子路的儿子去世了，孔子很伤心，于是去吊唁他。到了子路家，碰到子路在喝酒，孔子就问："你怎么还在喝酒？"子路回答说："我想借酒消愁。"孔子说："你这就错了！酒是用来行礼的，不能随意乱喝。你要是想喝酒，可以拜一拜，但不能胡来。"

总的来说，这段话反映了孔子注重用餐的礼仪和规矩，以及适量饮食和对饮酒的控制。这种态度体现了孔子对于生活的热爱和对于健康的追求，也为我们提供了有关饮食和生活方式的借鉴。

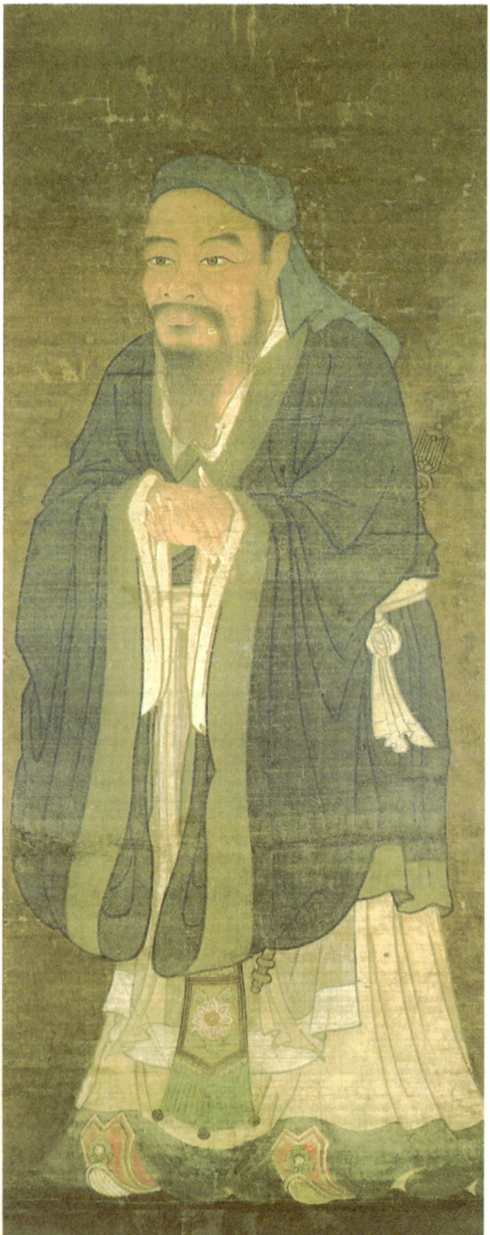

孔子像

（元）佚名　现藏不详

黎明即起，洒扫庭除

清·朱柏庐《朱子家训》：“黎明即起，洒扫庭除，要内外整洁，既昏便息，关锁门户，必亲自检点。”

【释义】

在早晨天刚亮的时候，就要起床，先洒水扫地，使庭院整洁；晚上天黑以后，就要休息，关锁门户并亲自检查，确保安全。

【述评】

一天之计在于晨，早晨是一天的开始，也是精神状态最佳的时刻，因此利用好早晨的时间，可以为一天的生活和工作打下良好的基础。这是中国古代的传统智慧，强调了早晨对于一个人一天的重要性。在古代社会，人们普遍认为，早晨是一天中最宝贵的时光，因为这段时间不仅精力充沛，而且思维敏捷，适合进行重要的工作和活动。因此，许多人在早晨进行早课、晨练、读书、写作等有益身心的活动，以此来开启新的一天。

早晨的利用不仅关乎个人的效率和成就，也与家庭生活息息相关。在古代社会，家庭卫生和健康被视为极为重要的道德和社会责任。因此，早起之后，人们要打扫庭院，使庭院整洁。这既是一种日常的清洁工作，也是为了迎接新的一天，营造出清新、整洁的环境。这种习惯不仅有助于保持家庭环境的卫生和健康，也能够培养家庭成员的勤劳和自律精神。

到了晚上，就要休息，避免过度疲劳和熬夜。这是一种养生之道，可以保持身体的健康和精神的稳定。晚上休息时要关好门窗，以保护家庭的安全。这种习惯体现了对家庭安全的重视，也提醒我们要有安全意识，做好自我保护。

古代社会不乏勤劳节俭、自我反省的例子。比如明朝的文学家、书法家祝允明，他每天都会早起读书，勤于笔耕，白天忙于公务，晚上则独自思考。他的生活习惯充分体现了古代人们的勤劳和自律精神；又如清朝的曾国藩，他每天都会在日记中反思自己的言谈举止，以此来提高自己的修养和生活质量。他的生活习惯也为我们树立了自我反省、不断进步的榜样。

当然，现代社会也有许多值得我们学习的例子。比如一些环保志愿者，他们每天都会早早起床，清理街道上的垃圾，宣传环保理念。他们的行动不仅有助于保持环境整洁，也体现了对环保事业的热爱和奉献精神。又如一些社区志愿者，他们每天晚上都会在社区巡逻，维护社区的安全和秩序。他们的付出不仅保障了社区居民的安全和生活质量，也体现了对社区的热爱和责任感。

总之，这句话不仅体现了古代人对于卫生、健康和安全的重视，也反映了当时社会的家庭道德观念。它体现了古代人们对于家庭生活的高度重视，强调了家庭成员之间的责任和互助。它对于我们今天的生活也有很大的启示，提醒我们在日常生活中要勤劳、节俭、整洁，保持家庭的美好和温馨，同时增强了我们对于家庭生活的自我管理和自我约束能力。

《山馆读书图》页（局部）（宋）刘松年（传） 收藏于故宫博物院

画中一文人于房内读书，一书童于门外打扫庭院，可见古人极爱干净、整洁。

晨必盥，兼漱口

清·李毓秀《弟子规》：“晨必盥，兼漱口，便溺回，辄净手。”

【释义】

早上起床后，必须先洗脸，然后刷牙漱口。大小便之后，把手洗干净，以保持个人卫生。

【述评】

早上起床后的第一件事是什么？答案是盥洗。我们要先清洁身体，然后才能开始新的一天。这个习惯如果从小就能养成，对身体大有裨益。

但是，我们是否可以将这个习惯延伸到内心呢？从小养成的卫生习惯，不仅让我们拥有健康的身体，更有利于我们成为更好的人。比如，在追求名利的过程中，我们的内心是否会受到浸染？这种浸染就像追求声色犬马的享受一样，会让我们忽略真正的自我价值。

内心的清洁就像我们每天必须清洁身体一样重要。我们要经常自我反省，让我们的本性本善得以保持。

让我们来看看颜回的故事。他是孔子的学生，生活非常贫苦，但他却能“箪食瓢饮”，自得其乐。他的快乐并不是来自物质的丰富，而是来自内心的满足。虽然他生活贫苦，但内心是快乐的。他学习的不仅是圣贤的教诲，更是那种对待生活的态度。他愿意接受内心的洗涤，扫除贪欲，让自己的本性彰显出来。这就是他的快乐源泉。

无论我们的家境如何，也无论我们的身份如何，我们都有机会获得内心的快乐。只要我们愿意接受圣贤教育，我们就能找到那份属于自己的快乐。

有趣的是，这个道理就像人喝水一样，别人可以告诉你水的温度，但只有你自己真正喝一口，才能知道水的味道。我们的内心也是如此，只有自己才能真正了解自己的感受，感受到内心的快乐。

学习不仅是为了获取知识，更重要的是为了内心的洗涤和成长。这是一种内在的快乐，是真正的喜悦。所以，让我们从今天开始，不仅关注外在的生活，更要注重内心的修养，让我们学习圣贤的思想，洗涤内心的污秽，彰显本性。这样，我们才能真正体验到生活的快乐。

古代女子晨起上妆图

古代女子十分注重礼仪，晨起后便开始整理自己的仪容仪表，不仅仪态要端庄，衣冠、发型也要得体。唐朝温庭筠的《菩萨蛮》便有描绘女子梳妆打扮的场景：“小山重叠金明灭，鬓云欲度香腮雪。懒起画蛾眉，弄妆梳洗迟。照花前后镜，花面交相映。新帖绣罗襦，双双金鹧鸪。”可见古人对仪容仪表的重视。

《妆靓仕女图》
（宋）苏汉臣（传） 收藏于美国波士顿艺术博物馆

《甄妃晚妆图》（局部）　（清）华胥　收藏于上海博物馆

第二章　出行篇

出门人小三辈

赵焕亭《奇侠精忠全传》一八回："俗语说得好：'出门人小三辈。'和气为主。"

【释义】

俗话说得好："出门在外的人，应保持谦虚、忍让的态度，言谈举止要降低身份，和气为主。"

【述评】

出门人，指的是出门在外的人，也可以泛指在任何情况下，身处任何位置的人。在这个社会中，我们无论身处何处，都应该保持一种谦虚、谨慎的态度，尊重他人，不骄不躁。这不仅是一种个人修养，更是一种人格魅力。正如孔子在《论语·述而》中所说："三人行，必有我师焉。"我们应该时刻保持敬畏心，尊重他人，视他人为师，学习他人的优点和长处。

在具体实践中，如何做到"出门人小三辈"呢？我们需要从内心深处真正认同并理解这句话的含义。只有这样，我们才能在言谈举止中体现出来。我们应当学会尊重他人，无论他人的身份、地位、年龄如何，在交往中，我们都应当保持谦逊有礼的态度，多用敬语、礼貌用语，以示尊重。同时，我们应当尽可能地了解他人的需求和意愿，以更好地满足他人的需求。另外，我们应当学会包容、理解和谅解他人的不足和错误。在与人交往时，我们应当多一些宽容和理解，少一些苛责和批评。只有这样，我们才能真正做到以和为贵，赢得他人的尊重和信任。

除了以上提到的具体实践方法，我们还应当注重自身素质的提高。一个真正的“出门人”不仅需要具备专业的技能和知识，更应当具备较高的道德素质和修养。只有这样，我们才能在不断变化的环境中保持稳定的心态和行为，以应对各种挑战和机遇。

“小三辈”则是指在尊重他人的基础上，我们应该以一种“小我”的心态去对待周围的人和事。只有将自己的姿态放低，才能更好地去理解和接纳他人，从而更好地融入社会。这种“小我”并不意味着消极退缩，反而是以退为进，以一种更为谦逊、更为全面的视角去看待问题，处理问题。正如《道德经》中所说：“后其身而身先，外其身而身存。”只有将自己置于其后，才能在社会的海洋中游刃有余。

“和气为主”是这两句话的核心。和气，是中国传统文化中的一个重要概念，是人与人之间和谐、和睦、和顺的状态。和气不仅是一种人际关系，更是一种生活态度，一种人生哲学。以和气为主，就是在处理人际关系时，要以和谐、和睦、和顺为准则，避免冲突，促进和谐。正如《中庸》中所说：“和也者，天下之达道也。”和是天地万物之本，是我们生活的基础和目标。和气生财，这句话并非空穴来风。我们以和善的态度对待他人时，不仅能赢得他人的好感，更能促进人际关系的和谐发展。和气也能够让我们更加专注于自己的事业，从而取得更好的成果。

在现实生活中，“出门人小三辈”和“和气为主”不仅是一种生活态度，更是一种人生智慧。无论是在家庭、学校、职场中，还是在社会中，我们都应该以这种智慧为指导，去处理人际关系，面对生活的挑战。尤其是在当前社会转型期，人们的思想观念多元化，价值取向多样化，更需要我们保持一种谦逊、谨慎的态度，尊重他人，以和为贵，促进社会的和谐稳定。

这两句话也提醒我们，在尊重他人的同时，也要珍视自己的价值。尊重他人并不意味着要放弃自我，而是要以一种更为全面、更为客观的视角去看待问题，处理问题。在这个瞬息万变的社会中，我们需要时刻提醒自己“和气为主”，并将其落实到自己的言谈举止中。只有这样，我们才能在不断变化的环境中赢得他人的尊重和信任，为自己创造更好的发展机会。

《高贤遇隐图》轴

（清）金廷标　收藏于台北故宫博物院

画面中一高士向正在耕田的老者作揖致敬，体现了“有礼者敬人”的风范。

《同胞一气图》轴

（元）佚名　收藏于台北故宫博物院

画面中的小孩儿在火架上烤包子，包子冒出的腾腾向上的热气汇聚到一起。包谐音『胞』，因此此画取名『同胞一气』，寓意家庭和睦。

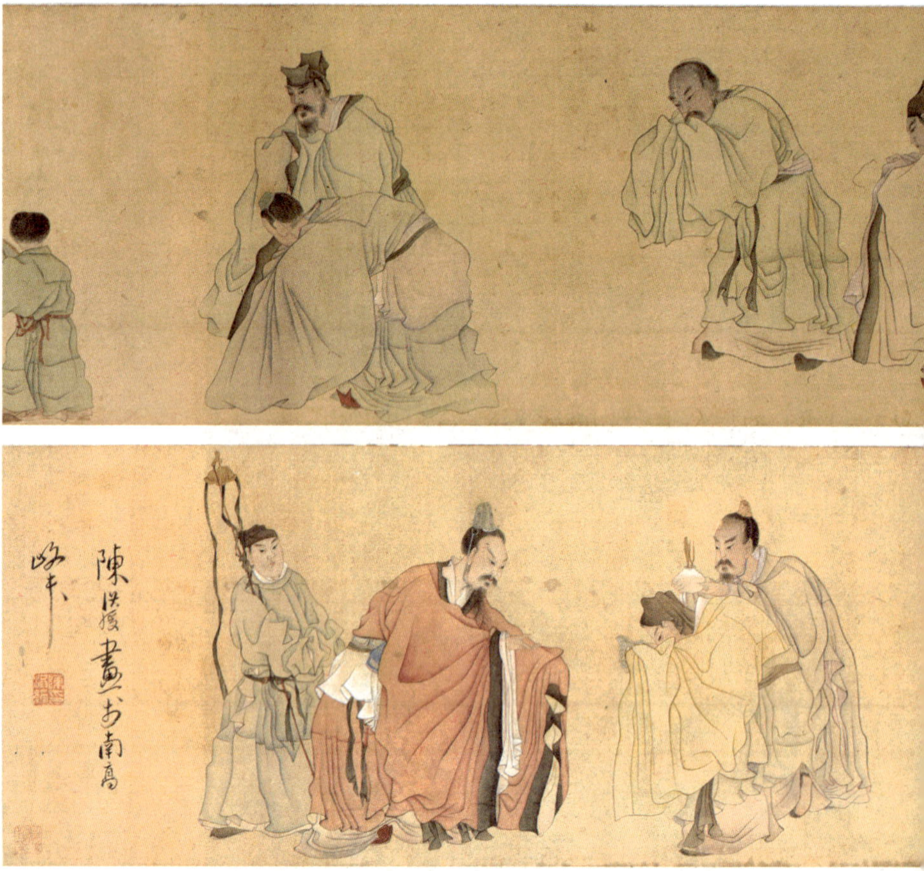

《晋爵图》

（明）陈洪绶　收藏于故宫博物院

画中老少共十九人，除去乐工，其余人物皆执礼作揖恭喜红袍男子晋爵。画面中的人物彬彬有礼，场面十分和谐，向我们展示了礼节的魅力。

父母在，不远游。游，必有方

先秦·孔子弟子及其再传弟子《论语·里仁》：“子曰：‘父母在，不远游。游必有方。’”

【释义】

孔子说：“父母在世，不能出远门。如果要出远门，一定要有方向和计划，而且必须安排好父母。”

【述评】

在孔子的时代，孝道被视为人们行为的基本准则之一，是做人最基本的道德要求。如果一个人对自己的父母不孝，那么他就不被认为是一个合格的人。因此，孔子用这句话来强调子女应该尽家庭责任，照顾和孝顺父母。

如果父母还健在，子女就不能随意离家远游。这是因为远游会离父母很远，无法尽到孝道。因此，在离家前，子女应该对父母有充分的考虑和安排。如果一个人随意离家远游，没有一定的方向和计划，就会让父母感到担忧和不安。因此，在离家前，我们应该对自己的行程有充分的考虑和安排，并向父母告知自己的行踪和计划。这样做不仅能够让父母放心，也体现了自己的责任心。

如果子女必须离家远游，那么他们应该制订好计划，让家人知道自己的行踪和联系方式。这两句话强调了离家远游制订计划的重要性。在当今社会，随着经济的发展和社会的进步，人们的流动性越来越强，许多人为了追求更好的生活而离家远游。但是，我们也应该认识到孝道的重要性，尽自己的家庭责任，关心和照顾好家人。我们可以在追求个人发展的同时，尽自己的家庭责任，关心和照顾好家人。

这两句话在中国传统文化中影响深远，至今仍然影响着很多人的家庭观念和行为。它让人们认识到孝道的重要性，成为许多人在处理家庭关系时一个重要的准则，引导人们在家庭和事业之间做出正确的选择。

除了强调家庭责任和孝道，这两句话也反映了孔子的人生态度。孔子认为，人生的意义在于实现自己的道德使命、追求内心的平静和愉悦。在孔子看来，孝道是人生的首要任务之一。因此，如果一个人随意离家远游，就无法尽到孝道，也无法实现自己的人生意义。这两句话也提醒我们，在做出任何决定之前，都要考虑到家庭责任和家庭成员的利益。

在现代社会中，许多人可能已经远离了家乡，但这两句话仍然具有深刻的启示意义。我们应该时刻牢记这两句话的含义，在追求个人发展的同时，尽自己的家庭责任，关心和照顾好家人。这样不仅能够让我们的家庭更加和谐幸福，也能够让我们在个人事业上取得更大的成功。

《南游图》（局部）
（明）唐寅　收藏于美国弗利尔美术馆

画卷中描绘的是琴师杨季静南游的画面。

出门不露白

“出门不露白”是句俗语，元无名氏杂剧《朱砂担滴水浮沤记》第四折中有记：“自古道：‘出外做客，不要露白’。”

【释义】

自古就有人说，出门在外，或者客居他乡，不要让人看到自己的财物。

【述评】

“出门不露白”这句谚语可谓家喻户晓，老少皆知。它是一句古老的警示，提醒我们要有自我保护意识，不要轻易暴露个人信息和财富。

先来理解一下“出门不露白”。这里的“白”指白银。也就是说，出门在外，不要轻易暴露自己身上带的钱。为何如此呢？因为古代交通不便，出门无论是公干还是私事，都需要盘缠。那些强盗、小偷，自然会把目光投向手握盘缠的旅人。一旦暴露了自身财物，就可能被他们盯上，会有遭遇偷抢的风险。所以，古人出远门，都会牢记“出门不露白”。

然而，现在很多人认为，这句话主要是针对那些有钱人。实际上，这句话适用于每一个人。在当今社会，我们每天都会遇到各种各样的人，其中可能就有一些居心不良之人。因此，我们要时刻保持警惕，不能轻易暴露自己的个人信息和财富。如果你过于显露自己的财富和弱点，不仅可能遭遇盗窃、抢劫，还可能危及自身安全，让不法分子有机可乘。

此外，这句话也提醒我们要学会控制自己的行为。有时，我们可能会因一时冲动或好奇心而暴露自己的某些信息或财富，这是非常危险的。我们要学会控制自己的行为，不要轻易相信陌生人，也不要在公共场合暴露自己的个人信息和财富。

这句话还涉及一种重要的价值观念——守中、藏拙。在中国传统文化中，这种观念一直被强调。我们应保持谦虚、谨慎的态度，不能过于显示自己的优点和成就，要学会保护自己，保持一颗谦虚的心，不断追求自我成长和发展。

路遇长，疾趋揖

清·李毓秀《弟子规》：“路遇长，疾趋揖。长无言，退恭立。骑下马。乘下车，过犹待，百步馀。长者立，幼勿坐，长者坐，命乃坐。”

【释义】

外出时在路上遇见年长的人，要迅速迎上去行礼问候。如果长者没有回应，则恭敬地退后，站到一旁，让他先行。如果骑马时遇见长者，就下马；如果是乘车而来，就下车，直到长者过了百步开外的距离后，才骑马或乘车继续赶路。长辈站着的时候，自己不能坐下；长辈坐下以后，必须得到他的许可，才可以坐下。

【述评】

“路遇长，疾趋揖。长无言，退恭立……”在儒家思想中，这段话扮演着重要的角色，既是一种行为准则，又是道德追求和文化精神的体现。

首先，这段话充分展现了儒家礼仪的重要性和应用范围。在儒家观念中，尊重长辈是基本的人伦道德，长者因他们的年龄、经验和知识被视为值得尊敬的群体。所以，当年轻人遇到长辈时，

“疾趋揖”不仅是一种外在的礼仪形式，更是一种内心的敬意和尊重。儒家强调“礼”的重要性，认为它是维护社会秩序和道德观念的重要手段。在这个场景中，年轻人用行动表达了对长辈的尊敬，体现了儒家礼仪中尊重长辈的核心思想。

其次，这段话也体现了儒家的“君子”人格。在儒家思想中，君子被描述为具备高尚道德品质和文化修养的理想人格。在这个场景中，君子的人格特征体现在对长辈的尊敬和对自身行为的约束上。在路上遇到长辈，君子会立刻表示尊敬，并在长辈无言的情况下保持恭敬的态度。这种表现方式，充分展现了君子的高尚品格和道德修养。君子以谦逊、尊重、敬老的态度待人接物，这是他们成为社会楷模的关键。

再次，这段话也强调了儒家思想中的“修身”理念。修身即通过学习和实践提高自身的道德品质和文化修养。在这个场景中，晚辈的行为不仅是对长辈的尊重，更是自身修养的体现。这种修身理念，在儒家思想中占据了重要的地位，是成为君子的重要途径。只有不断地修身、提高自身的道德和文化修养，才能接近儒家所追求的理想人格。

然而，这段话并非一成不变，在现实生活中，我们需要根据不同的情境来调整自己的行为。例如，在长辈身体健康状况不好的情况下，晚辈需要及时了解情况，并在尊重长辈的前提下做出相应的行动。同时，在现代社会中，长辈和晚辈之间的关系也在发生变化，需要我们在传统礼仪和现代社会规则之间寻找平衡点。在传承和发扬中华优秀传统文化的同时，我们也应该根据现代社会的特点进行适当的创新和变革。

在现代社会，很多人容易忽视传统礼仪和道德观念，对于长辈缺乏应有的尊敬。在这种情况下，“路遇长，疾趋揖。长无言，退恭立……”这段话对于我们现代人具有重要的启示意义。我们应当深入理解并运用这段话，它不仅是一种行为准则，更是一种道德追求和文化精神的体现。在今天的社会，我们仍然需要将这种精神内化为自身的行为，传承和发扬中华优秀传统文化。我们也应该根据现代社会的特点，创新和发展传统文化，使其更好地适应现代社会的需求。

此外，这段话还告诫我们自身行为要适度和适宜。如在遇到长辈时，“疾趋揖”表示恭敬和尊重，不要过于紧张或夸张，否则会给长辈留下不自信或过于做作的不良印象。在表达尊敬和敬意时，也要考虑场合的适宜性，如在公共场合或繁忙的地方，过于烦琐的礼仪可能会引起他人的不适。

最后，这段话也提醒我们要有敬老爱幼的美德。尊敬长辈是一种基本的人伦道德，也是中华民族的传统美德之一。在日常生活中，我们应该关注老年人的生活和健康状况，给予他们应有的尊重和关爱；同时，也要关注年轻人的成长和发展，帮助他们树立正确的价值观和人生观，传承和发扬中华优秀传统文化。

《打躬行礼》
选自《清国京城市景风俗图》册（清）佚名
收藏于法国国家图书馆

谋定而后动

春秋·孙武《孙子兵法》：“谋定而后动，知止而有得。”

【释义】

有了计划再行动，知道目的地才能到达。

【述评】

“谋定而后动”告诉我们，行动之前的慎重思考是成功的关键，因为只有慎重思考，我们才能有所计划，才能清晰地知道目的地。在现实生活中，我们经常会面临各种选择和决策，有时候需要在短时间内做出决定。在这种情况下，我们可能会因急于行动而忽略一些重要因素，导致做出错误决策。因此，在行动之前，我们应静下心来，认真思考各种可能的结果和风险，充分考虑自己的目标和计划。例如，我们在外出旅行前，要提前做攻略，在行动前做足准备，以免因仓促而走冤枉路。

在制订计划时，我们应充分考虑可能出现的各种情况，避免因为一个环节的失误而影响整个计划。为实现这个目标，我们应提前做好准备，充分了解每个环节的可行性和效率，尽可能减少失误和浪费。例如，对于旅行中的餐饮安排，我们需要提前了解餐厅的位置、菜品的质量和价格等信息，避免因为选择不当而影响旅行体验。

在执行计划时，我们应明确每个人的职责和任务，确保每个人都能按时按质完成任务。同时，还应该不断进行反思，根据实际情况调整和改进，不断提高计划的可行性和效率。

在现代社会，面对信息爆炸和竞争激烈的环境，一个周密详细的计划安排可以帮助我们更好地应对各种挑战和机遇。同时，这句话对于现代社会的机器化和智能化也有着启示意义。在机器化和智能化的时代，我们应该注重机器的程序化管理，在运用机器时，提前熟悉操作程序，注重人机交互和协同工作，提高生产效率和产品质量。例如，在工厂中，我们需要根据机器的特点制订合理的操作流程和管理制度，避免因为操作不当或管理不善而影响生产效率和质量。在今天的社会，我们仍然需要“谋定而后动”，不断提高自己的规划能力，以更好地应对各种挑战和机遇，实现自身价值和梦想。

此外，“知止而有得”强调了要有适度的目标。人们总是希望追求更高的目标，但过高的目标不仅可能无法实现，而且无法带来持久的满足感。因此，明智的人懂得适可而止，不会一味地追求更高的目标，而是选择那些有可能带来实质性改变的小目标。这样，他们才可以逐步积累信心和动力，实现更大的目标。

▶《春山游骑图》（局部）
（明）周臣　收藏于故宫博物院

登高不呼

当代·李炳南《常礼举要·出门篇》："登高不呼，不指，不招呼。"

【释义】

登上高处时，不呼喊、不指指点点、不炫耀自己。

【述评】

在日常生活中，当身处高位时，我们常常会产生一种居高临下的优越感，有时会情不自禁地呼喊、指点别人，炫耀自己。然而，这种行为不仅会破坏宁静的自然环境，也会给自己和他人带来不必要的麻烦。当代礼学大家李炳南在《常礼举要·出门篇》中提出的"登高不呼，不指，不招呼"的观念，正是对这种行为的规范和警示。

春秋时期，晋国公子重耳曾被迫流亡在外，后在秦国的帮助下回国即位。然而，他却在登基之后，忍不住向高处眺望，感叹自己历经磨难终于登基。这种行为被视为不祥之兆，也引起了一些大臣的担忧。

如果我们仔细分析“登高不呼，不指，不招呼”，会发现它有两方面的含义。首先，登上高处时容易产生优越感，这种优越感可能会导致自我膨胀和盲目自信。然而，过度的炫耀和显摆可能会引起他人的反感和排斥，对自己和他人都会造成负面影响。身处高处，要保持冷静、谦逊的心态，这不仅是对自己的尊重，也是对他人的尊重。其次，登上高处时也容易使人产生紧张和焦虑的情绪，这种情况下容易导致行为失控。因此，保持冷静、平和的心态，不仅有利于个人身心健康，也有助于维护社会的和谐稳定。

在现实生活中，我们可以从多个角度来践行“登高不呼，不指，不招呼”的观念。例如，在登山时，我们应尽量避免大声喧哗、指点江山的行为，而是以一种平和的心态去欣赏自然美景；在日常生活中，我们也应该学会保持冷静、谦逊，尤其在面对困境和挑战时，不要轻易显露自己的情绪和想法；在职场上，我们更应该遵循这一原则，不要过于炫耀自己的成就和才能，而是要以实际行动赢得他人的认可和尊重。

轻避重，去避来

唐·《唐律·仪制令》：“凡行路巷街，贱避贵，少避老，轻避重，去避来。”

【释义】

在街头巷尾，地位低的人要避开地位高的人，年轻人要避开年长的人，轻装的车马要避开重装的车辆，离开的人要避让正在过来的人。

【述评】

在我国古代法律史上，有一案特别有名，那就是唐代宗时期的“康失芬案”。这个案件发生在位于新疆吐鲁番盆地的高昌城。当时，一辆马车因驾驶人技术不佳，在人群中失控，无情地撞倒了两个无辜的小孩儿，其中一个小孩儿因伤势过重不治而亡。

虽然肇事者并非故意伤害小孩儿，但他在驾驶过程中疏忽大意，没有确保行车安全，从而导致这场悲剧的发生。当地官员对此案进行了详细审理，认为肇事者必须对自己的行为负责，并为此付出代价。最终，肇事者被以“杀伤一等”的罪名定罪并受到了严厉处罚。

这个案子反映了唐朝交通法规的严格。在唐朝，马车已有明确的交通规则。例如，《新唐书》中《马周传》里讲道：唐朝的马车要靠右行驶。那时宰相马周很注重交通管理，对进出城门的马车都做了详细规定。不过这个靠右行驶并非所有道路都适用，只适用于进出城门之时。

在城里，车马不能超速。因为城里的街道很多，人也多，所以管理者对百姓的安全很重视。《唐律疏议》里写道：城里的街巷不能随便骑快马或者快车。如有违反要挨五十鞭，如因快马或快车撞死了人，要在原来斗殴致人身亡的罪责上加一等进行处理。

此外，唐朝的交通管制也相当严谨周密。在那时，人们对交通安全和秩序的重视不亚于现代社会。在唐朝，人们不仅白天需要遵守交通规则，晚上也不能随意出来闲逛。如有人在晚上被发现擅自外出，就会受到严厉惩罚，通常会被鞭打二十下以示警诫，这种严格的交通管制措施有效地维护了唐朝的交通安全和社会秩序。

如有人想要出门到外地办事或者旅游，还需要拥有官方的“通行证”。这种通行证是官方颁发的一种身份证明，上面详细记录了持有者的身份信息、目的地、出行原因及有效期限等相关信息。如有人没有携带通行证就私自出关，便会面临严重的法律后果，可能会被判处一年的有期徒刑。

《唐律·仪制令》中的“凡行路巷街，贱避贵，少避老，轻避重，去避来”这一条法规旨在规范社会秩序，协调人在公共场所的行为。它明确提到了在行路、巷街等公共空间中，不同身份、年龄和负载状况的人或物应该如何相互避让。它不仅适用于陆路，也适用于水路。这充分说明了中国古代对交通规则和公共秩序的重视。

唐朝的交通法规对维护社会秩序和保护行人安全起到了重要作用。它的科学性体现在处罚有度、肇事后的补救行为上。唐朝不仅制定了陆路交通规则，还为水上交通设定了相应的规定，这显示出了唐朝法律体系的完善性。

同时，我们应清醒地认识到，“贱避贵”中所蕴含的等级观念。诸司郎中见到宰相，一定要下马避让的明确要求，被明文记入法律中，足以见得对于等级制度的重视程度。这种等级观念在我们现代社会仍然或多或少地存在着，影响着人们的行为方式和价值观念。对于这种观念，我们应当去其糟粕，取其精华，去除等级观念，遵循“少避老，轻避重，去避来”的良好美德。

《浔阳琵琶》
选自《人物故事图》册 （明）仇英 收藏于故宫博物院

遇妇女老弱，应尽先让路让座

当代·李炳南《常礼举要·出门篇》：“遇妇女老弱，应尽先让路让座。”

【释义】

遇到妇女、老人和弱者，应该尽可能地让他们先走或者给他们让座。

【述评】

我们只要踏出家门，就会遇到各种各样的人。他们或许是和我们一样忙碌的上班族，或许是年迈的老人，或许是可爱的孩童，又或许是那些身患残疾、行动不便的弱者。这些形形色色的人，无论他们身处何处，都可能遇到困难和挑战。而我们作为社会中的一员，有责任去关注并帮助他们。

想一想，当你看到一位孕妇站在公交车上摇摇晃晃的时候，你能忍心置之不理吗？当然不能！这个时候，你一定会果断地站起来，将座位让给她。这就是人性的光辉，也是我们内心深处的善良和同情心。同样，当看到一位年迈的老人步履蹒跚地走在马路上，我们应该毫不犹豫地过去搀扶。这看似微不足道的举动，

实际上传递出了巨大的正能量。

这些善举不仅能让他们感受到社会的温暖和关爱，也体现了我们对他们的尊重和关心。这就像一束阳光照进他们的心里，让他们感受到生活的美好。同时，这是我们作为社会成员的一种责任和义务。当然，我们也要明确，尊重和关心他人并不等于无条件地接受一切。如果他们的要求不合理或者不合法，我们应当拒绝。这是对自己和他人的一种负责任的态度。

我们还要教育和鼓励身边人，让他们也学会关心他人。只有这样，我们的社会才能变得更加和谐美好！让我们一起用实际行动传递关爱与温暖，让这个世界因我们的善良而更加美好！

◀《江关行旅》轴（局部）
（清）董邦达　收藏于台北故宫博物院

▶《秋山行旅》轴
（清）张宗苍　收藏于台北故宫博物院

行路何须叹
苦辛满山红
叶绝胜春静
观一笑两间
逆旅人

入竟而问禁

西汉·戴圣《礼记·曲礼》:“入竟而问禁，入国而问俗，入门而问讳。”

【释义】

进入一国的疆界，要问清楚该国的禁令；进入一国的都城，要问清楚当地的风俗；进入一户人家，要问清楚这家人的忌讳。

【述评】

俗话说“出门三里地，就是他乡人”。这句话让我想起有一次到外地旅行，碰巧遇到当地的民俗活动。一时间，我感觉自己仿佛置身于另一个世界，对那里的习俗和文化充满了好奇。

“入乡随俗”不仅是对他人的尊重，更是自身修养的体现。它揭示了人际交往中的智慧，传递了人文关怀和社会交往的技巧。

记得有一次，我和朋友一起去日本旅行。在当地的一家餐厅，我们尝到了一道非常美味的料理，那就是章鱼烧。在日本，章鱼烧的吃法和我们平时的习惯不太一样。首先，你需要将章鱼烧从签子上取下来，然后蘸上特制酱料，最后一口吞下。看到这一幕，我和我的朋友都感到非常惊讶。然而，我们都选择了尊重当地习俗，尝试了一下这种特别的吃法。

“入竟而问禁”提醒我们，在进入一个新的环境时，首先要了解并尊重那里的文化和习俗。每个国家、每个地区都有其独特的文化背景和禁忌，了解这些细节，不仅能避免误会，还能让你更好地融入当地的生活。

有一次，我和一些朋友去了一家清真餐厅。在整个用餐过程中，我们都非常尊重他们的习俗和信仰，没有提到任何关于猪肉的话题。这种互相尊重和理解的态度，让我们与清真餐厅的服务员和其他客人建立了良好的关系。

“入门而问讳”则告诫我们，在进入一个新的家庭或者社交圈时，要了解并尊重他们的风俗和习惯。每个家庭都有其独特的价值观和习惯，了解这些能让你更好地融入，与他们建立良好的关系。

记得有一次去拜访我的朋友，在他的家中，我看到了他已故父亲的蜡像，感到有些惊讶。然而，我很快意识到，这可能是他们家庭的习俗。于是，我选择尊重他们的习俗，表现出哀悼之情。我的朋友非常感谢我的理解和尊重，我们的友谊也因此更加深厚。

总的来说，“入竟而问禁，入国而问俗，入门而问讳”所蕴含的道理同样适用于我们的日常生活。在人际交往中，我们需要了解并尊重他人的习俗、禁忌。只有这样，我们才能建立良好的人际关系，创造和谐的社会环境。这句话也提醒我们要有包容心和同情心，尊重他人的生活方式和价值观念。

《年节习俗考全图》（节选）
佚名

1	2	4	6
	3	5	7

图册主要讲述了中国的传统节日。中国地大物博，幅员辽阔，每到节日时各地会有大同小异的民俗活动和庆祝方式。

1. 元旦贺年 2. 上元灯会
3. 清明扫墓 4. 端阳竞渡
5. 中元思亲 6. 中秋赏月
7. 重九登高

临财毋苟得，临难毋苟免

西汉·戴圣《礼记·曲礼》："临财毋苟得，临难毋苟免，很毋求胜，分毋求多。"

【释义】

面对钱财时，不要企图不合法地取得；面对困难时，不要轻易选择逃避；在争论或竞赛等场合，不要过分追求胜利，不要为了自己或团体的一时之利而耍手段或赌气，更不应过分追求利益的多少；分配财物时不要贪心不足，追求过多。

【述评】

这段古老的谚语包含了深厚的道德和社会价值观，以及聪明的生活哲学。下面从四个方面对它进行深入解读和评价。

"临财毋苟得"对我们面对金钱的态度提出了警告。这句话告诉我们，在面对钱财时，我们应坚守道德原则，不能不择手段、贪图私利。这不仅是对道德的考验，也是对法律的考验。贪婪是人的本性，可能会让我们走向错误的道路。我们需要克服自己的贪婪，明确自己的财富观念，以合理、公正的方式获取财富。古人认为，德与财应该匹配，只有有德者才能得财。通过不正当手段获取的钱财，不仅是违法的，也会导致内心的道德沦丧。我们应该通过自己的努力和劳动获得财富。因此，我们应该注重提高自己的道德品质，以便在社会中获得财富和成功。

“临难毋苟免”对我们面对困难的态度提出了要求。这句话告诉我们，在面对困难和挑战时，不要逃避责任和问题。人生总有起伏，在遇到困难时，我们应当勇敢面对，积极解决。这句话强调了勇气、责任和担当的重要性。逃避不仅不能解决问题，反而会让我们在困难中越陷越深。同时，这也是一种磨炼我们意志、提升我们能力的机会，让我们在困难中成长和进步。我们应该勇敢面对困难，寻找解决问题的方法。只有这样，我们才能不断成长和进步，从而实现自己的目标。

“很毋求胜”对我们在竞争中求胜的心理提出了警告。这句话告诉我们，在竞争或竞赛中不要过分追求胜利。这句话教导我们要学会尊重对手、遵守规则、保持公正。竞争是社会进步的动力之一，但竞争也应该是公平、公正的。我们不能为了胜利而不择手段，甚至损害他人利益。只有通过公平、合理的竞争，才能实现双赢。

“分毋求多”对我们在分配利益时贪多的心理提出了警告。这句话告诉我们，在分配利益时不要贪心不足。贪婪是人的本性，我们应当明白财物是身外之物，过多地追求只会让我们陷入无尽的欲望之中。合理的分配不仅能让我们更好地享受生活，也能让我们更好地帮助那些需要帮助的人，从而学会知足、感恩。在追求个人或团体利益时，应该遵循公平、公正的原则，不应过分追求自己的利益而忽视他人的权益。只有通过合理的分配方式，才能实现社会的和谐与稳定。

这四句话不仅是我们生活中的行为准则，也是我们心灵的指引，告诫我们要坚守道德底线，保持平和的心态，尊重他人，珍惜生活。我们应当把这些教诲铭记在心，让这些准则成为我们生活的一部分，以此塑造我们的品德和人格。在今天这个物质主义、个人主义盛行的时代，我们更应该注重道德修养和社会责任，遵循公平、公正的原则，尊重他人、关爱社会，为实现共同繁荣、和谐发展贡献自己的力量。

出门如见大宾

先秦·孔子弟子及其再传弟子《论语·颜渊》："子曰：'出门如见大宾，使民如承大祭。己所不欲，勿施于人。'"

【释义】

孔子说："出门见人要像对待贵宾一样，对待百姓要如同大祭一样慎重；凡是自己不愿意承受的事情，不要强加给别人。"

【述评】

子曰："出门如见大宾，使民如承大祭。己所不欲，勿施于人。"此言一出，千古传颂，乃儒家经典之句。其意蕴深厚，言简意赅，概括了孔子对于人际交往和治理百姓的看法，富有深远的实践价值。

首先，从字面上看，"出门如见大宾"和"使民如承大祭"均描绘了一种庄重、谨慎的态度。无论是出门与人相会，还是治理百姓，都应怀揣敬畏之心，慎重其事，勿轻率应对，随意敷衍。而"己所不欲，勿施于人"则更进一步提出了道德准则，要求人们推己及人，勿将自己不想要的事物强加于人，这是尊重他人、敬爱他人的基本要求。

深入文化背景去分析，这段话反映了中国传统文化中"仁爱”“礼制”的核心价值观。孔子所处的春秋时期，社会动荡、文化变革，传统的社会秩序被打乱，人们的道德观念也发生了变化。孔子认为，要解决这个时期的社会问题，就要恢复传统的“仁爱”“礼制”的道德观念和社会秩序。因此，“出门如见大宾，使民如承大祭。己所不欲，勿施于人”这段话是孔子对于人们的行为规范和社会治理之道的一种表述，也是对于传统的“仁爱”“礼制”的道德观念的一种实践。

从实践角度看，这段话具有很强的指导意义。首先，它要求人们以尊重、谨慎的态度对待他人，这是建立良好人际关系的基础。其次，它劝导人们推己及人，尊重他人的感受和权利，勿将自己的意愿强加于人，这是建立和谐社会、促进社会稳定的重要原则。最后，它也是公共事务伦理的基本原则，要求政府官员以民为本，尊重百姓的权利和感受，勿将自己的意愿强加给百姓。

从个人修养的角度来看，“出门如见大宾，使民如承大祭。己所不欲，勿施于人”也是个人修养的准则之一。一个人怀揣敬畏之心，推己及人，这是一种高尚的道德品质，更是一种人格魅力的体现。在生活中，如果我们能做到这一点，便会赢得他人的尊重和信任，也会让自己的生活变得更加美好、和谐。

我认为这段话的文化价值在于它提出了一种尊重他人、推己及人的行为准则。无论是在个人生活中还是在公共事务中，这种行为准则都是建立良好关系、促进社会和谐的重要基础。在现代社会中，人们的价值观越来越多元化，社会问题也变得越来越复杂。在这种情况下，如果我们能够遵循这种行为准则，尊重他人的权利和感受，避免冲突和矛盾，便可以建立和谐的人际关系和社会秩序。

总的来说，“出门如见大宾，使民如承大祭。己所不欲，勿施于人”这段话是孔子对于个人和社会行为的基本要求，表达了他的道德观念。这段话对于我们现代人来说，仍然具有很强的指导意义。我们要像孔子一样，尊重、谨慎地对待他人，统治者要对人民尽责，我们要遵循“己所不欲，勿施于人”的行为准则。

古代帝王的仁政之举

选自《帝鉴图说》法文外销画绘本 （明）张居正等 / 编 （清）佚名 / 绘
收藏于法国国家图书馆

“仁政”是儒家推行的理政思想，儒家思想作为历朝历代统治者治理国家的正统思想，其所宣扬的“民贵君轻”的仁政理念也是多位帝王一直奉行的治理方略。

《谏鼓谤木》（局部）

帝尧为了更加了解百姓的需求，在大门外设了击鼓和立木，让百姓勇于向自己进言，以防止自己向下施行的政策损害百姓的利益。

《揭器求言》(局部)

大禹将不同的乐器挂在门外，并说明了敲击不同乐器的意义："有来告寡人以道者，则击鼓；谕以义者，则撞钟；告以事者，则振铎；语以忧者，则敲磬；有狱讼者，则摇鞀。"帝禹"揭器求言"也是为了能够了解百姓的真正需求，以便更好地推行国策，防止将自己的意愿强加给百姓，真正做到造福于民。

《爱惜郎官》(局部)

汉朝馆陶公主向汉明帝刘庄为儿子求郎官一职，汉明帝没有答应，他认为这个官职十分重要，要谨慎用人，防止耽误国政。

许衡不食无主之梨

明·宋濂《元史·许衡传》：“衡独危坐树下自若。或问之，曰：‘非其有而取之，不可也。’人曰：‘世乱，此无主。’曰：‘梨无主，吾心独无主乎？’”

【释义】

许衡独自正襟危坐于树下，神情镇静。有人问他为什么这样。许衡说：“不是自己的梨子，摘来吃是不对的。”那人说：“现在是乱世，这棵梨树只怕是没有树主了。”许衡说：“梨树没有主，我心里也没有主吗？”

【述评】

“许衡不食无主之梨”这则历史故事，赞誉了元朝学者许衡坚守本心的品质，也是中国古代廉洁思想的生动体现。这个故事在历史的长河中流传至今，对我们理解道德自律、人格魅力和人性修养具有重要意义。

许衡，字仲平，是元朝著名的政治家、思想家和哲学家。他生活在乱世之中，曾经在南宋和元朝都担任过重要职务，生活清廉，以廉洁和正直著称，被后人称为“朱子之后第一人”。这一称谓充分体现了他在当时社会的影响力，以及后人对他的尊敬和赞誉。

故事讲述的是许衡年轻时的一次经历。在行路途中，他口渴难耐，看到路边有一棵梨树，这棵梨树没有主人。在普通人看来，这只是一棵无主的梨树，上面的梨可以随意采摘。但许衡遵循道德原则，坚决不吃无主之梨。这一行为体现了他严格的道德自律和坚贞的人格魅力。

某天，我在一家咖啡馆里偶然听到两名顾客的对话，其中一名顾客分享了自己年轻时经历的事情。他说，有一天，他走在路上，突然看到一位老人跌倒在地上，周围没有人上前帮助他。他立刻走过去，想要把老人扶起来，但他最终退缩了，因为他听说有些人会诬陷帮助他们的人。

这个故事让我想起了许衡不食无主之梨的故事，同样都是面临道德考验，结局却大相径庭。我不禁思考，在当今社会，我们是否需要像许衡那样坚定不移地遵循道德原则，守护自己内心的纯净呢?

答案当然是肯定的。许衡不轻易违背自己的良心，始终坚守自己的原则和底线。即使面临物质诱惑时，他仍然坚定不移，这种坚贞和廉洁自守的品质值得我们学习和借鉴。

在当今社会，物欲充斥，人们对物质的追求往往超过了对道德和精神的追求。在这个物欲横流的社会里，许衡的坚贞和廉洁自守的品质显得格外珍贵。他的故事告诉我们，一个人的品德和人格是由自己的行为和态度所决定的，而不是由外界的环境和物质所决定的。我们应该学会坚守自己的原则和底线，不轻易妥协和放弃。

如果我们拿许衡的故事和其他历史故事对比，会发现它们有很多相似之处。例如，“孟母三迁”的故事告诉我们，环境对人的成长有着重要影响。在今天的家庭教育中，很多家长会刻意选择有益于孩子成长的环境，为他们提供最好的教育资源。

许衡的故事不仅是对个人的启示，也是对社会的启示。在当今社会，我们不仅需要知识和技能，更需要道德品质和人格魅力。只有具备高尚的品德和坚贞的品质，才能真正做到为人民服务、为社会发展贡献力量。因此，我们应该从许衡的故事中汲取智慧，坚守道德原则，做一个品德高尚的人。

许衡像

选自《历代帝王圣贤名臣大儒遗像》册 （清）佚名　收藏于法国国家图书馆

许衡（1209—1281），字仲平，号鲁斋，河内（今河南沁阳）人，宋元之际的理学家。忽必烈即位后任中左丞，提出“学汉法”等主张，奉命主持国学，任国子祭酒。

逢桥须下马，过渡莫争船

宋·无名氏《题驿壁》："记得离家日，尊亲嘱咐言。逢桥须下马，过渡莫争船。雨宿宜防夜，难鸣更相天。若能依此语，行路免迍邅。"

【释义】

记得离家那天，父母语重心长地叮嘱，行走途中过桥时必须下马步行，以确保安全；在渡口要礼让他人，避免与他人发生争执。雨天在外住宿要格外小心，提防夜晚被盗；在困境中，应顺应自然，到屋外看看天象，根据天气的阴晴风雨等不同情况来决定自己的行动计划。如果能谨记父母的话，以后出门在外就可以避免陷入困境或遇到危险。

【述评】

这首诗的作者不详，题写在驿站墙壁上，大概是位睿智的书生赶考途中有感而发，诗中表达的道理非常明确。全诗以父母的嘱咐为引子，强调了出门在外，要遵循的基本安全注意事项，包括逢桥须下马、过渡莫争船、雨宿宜防夜、难鸣更相天等。诗的最后一句"若能依此语，行路免迍邅"，更是强调了遵循这些道理的重要性。

首先，第一句“记得离家日，尊亲嘱咐言”，离家远行，父母亲的嘱咐是最重要的。他们经验丰富，对于外面的世界有着清晰的认识，对于子女的安全和前程有着深深的担忧和期望。这里面既有对子女的深深的爱，也有对他们的期望和信任。这句诗提醒我们，无论我们走到哪里，都要记得父母的嘱咐，这是我们前行的动力和方向。

接着是“逢桥须下马，过渡莫争船”。这句诗表达的是关于行走的道理。古时的桥多为石板桥，石板与铁马掌相触会打滑，骑马走在上面会失蹄坠马，摔入河中更是难以活命。对于未知的或者可能存在危险的地方，要小心谨慎，下马步行，避免意外发生。“过渡莫争船”，则是告诫人们不要争先恐后，要按照秩序行动，尤其是在渡口这样狭窄的空间里，争先恐后只会导致混乱和危险。

“雨宿宜防夜，难鸣更相天”。这句诗讲述了在恶劣天气下的注意事项。在雨夜住宿时，需要特别注意防止夜间被盗。同时，也要根据天气情况来决定行动计划。比如在雷雨交加的天气里，就不要停留在高树下方或者停留在河岸边，避免雷击危险。

最后一句“若能依此语，行路免迍邅”。这是诗的结尾，也是全诗的核心。这句诗强调了遵循前面所讲道理的重要性。只有遵循这些原则，才能在人生旅途中避免陷入困境或遇到危险。免迍邅，意味着如果能够遵循这些原则，就可以避免这些困境和坎坷。

这首诗虽然只有短短四句，却饱含了丰富的人生哲理和行走智慧。它以父母的嘱咐为引子，强调了出门在外应遵循的基本安全注意事项，包括行动决策、与人相处、天气变化等方面。它告诉我们，在旅途中，只有遵循这些原则，才能避免迍邅。在现代社会，虽然交通和环境都发生了很大的变化，但这些行路智慧和人生哲理仍然具有很强的现实意义和启示作用。在我们日常生活和工作中，都可以从中汲取有益的经验和启示。

《蜀山栈道图》（局部）
（宋）郭熙（传） 收藏于美国弗利尔美术馆

第三章　交际篇

执虚器，如执盈

清·李毓秀《弟子规》：“执虚器，如执盈。入虚室，如有人。”

【释义】

拿着空器皿，要举轻若重，如同器皿是充盈的。进入空房间，要如同房间里有人一般自律。

【述评】

在“执虚器，如执盈”中，我们看到了做人的谨慎和小心。这种谨慎不仅体现在行为上，更是一种内心的态度。只有心怀敬畏，才能真正做到谨慎小心。也只有这样，我们才能更好地应对人生中的各种挑战，取得更加辉煌的成就。而在“入虚室，如有人”中，我们学到了自律和尊重。古代有许多有德行的贤者，他们始终恪守自己的道德底线和行为准则，即便在最私密的场合，甚至是在无人之处，也严格要求自己，遵循道德规范。这种自律精神不仅能够提升个人品质，还能够为社会营造一种和谐、文明的氛围。

东汉时期，杨震被誉为“关西孔子”，在他担任官职后，展现出极高的清廉品质，从不接受任何人的贿赂。一次，当他经过山东时，他的学生王密得知了这个消息，前往拜见，并要赠送他大量的金钱。杨震当即严词拒绝。王密不解，并说只有师徒二人，并无第三者知道。杨震以天知地知进行驳斥，王密深感惭愧。

后来，这个故事广为流传，人们都赞扬杨震的品格。这表明，在独处时，人的品性最能得到考验。如果一个人因为不在公众面前就对自己放松要求，做出表里不一的行为，那么他显然不是真正的君子，而是两面三刀的小人。

另外，北宋时期，有位叫晏殊的神童，五岁能作诗，十二三岁就写得一手锦绣文章。景德元年（1004 年），晏殊因为才华出众，地方官推荐他越级进京科考。第二年，刚刚 14 岁的晏殊就成功通过考试。

接着便是殿试，可偏偏考试题目正是晏殊曾经写过的，晏殊觉得不公平，就向皇帝请求更换试题。最终，他的文章再次得到皇帝的赞扬。

当晏殊成为官员后，勤于政务，公务之余也从不参加无谓的应酬，一有闲暇就躲进书房闭门读书。皇帝称赞晏殊不与同僚“同流合污”，潜心钻研学问。然而，晏殊却坦诚相告，他因家境贫寒，无法参加同僚的聚会，并不是不想玩乐，因此对皇帝的夸奖感到惭愧。晏殊的坦诚和磊落赢得了皇帝的信任。不久之后，他晋升为宰相，成为国家的栋梁。

与晏殊不同，现在有很多人人前人后表里不一，公众场合彬彬有礼，在人后却疏于自我管理。这显然与儒家思想倡导的言行一致相悖。儒家思想认为，无论是否在他人面前，我们都应持一致的言行，此所谓“慎独”。因此，我们应在人前展示庄重大方的素质，在人后保持修养、不欺暗室。

将这个哲理应用到现代生活中，我们可以得出以下启示：我们必须始终坚守道德底线。无论在何种场合，都应该遵循道德规范，尊重他人、关爱他人。只有这样，我们才能成为一个有品质、有责任感的人，为自己的人生赢得更多尊重和赞誉。

当然，我们也要考虑实际情况。我们并不需要每时每刻都处于紧张的自律状态，而是要试着让优秀成为习惯。这样，无论在何时，我们都能展现出最好的状态。

自律的读书人

《大学》写道："诚于中，形于外，故君子必慎其独也。"可见，始终保持慎独自律的态度并严谨治学，对一个人的提升有莫大的帮助。此外，中国古代有许多刻苦求学的名人典故。

《闭户著书图》

（元）王蒙　收藏于美国克利夫兰艺术博物馆

画中自题诗句："闭户著书多岁月，种松皆得老龙鳞。"

《朱买臣负薪读书图》

（明）石锐（传） 收藏于美国弗利尔美术馆

西汉大臣朱买臣幼时家贫，时常一边砍柴一边读书。

《牛角挂书图》

（清）黄慎（传） 收藏于美国弗利尔美术馆

《新唐书·李密传》："闻包恺在缑山，往从之。以蒲鞯乘牛，挂《汉书》一帙角上，行且读。"牛角挂书，比喻读书刻苦。

《孙康映雪》(局部)

选自《雪景故事》册 (清)孙祐 收藏于故宫博物院

《孙氏世录》:“孙康家贫,常映雪读书,清介,交游不杂。”孙康映雪,比喻勤奋好学。

话说多，不如少

清·李毓秀《弟子规》：“话说多，不如少，惟其是，勿佞巧。”

【释义】

说话多，不如说话少，说的话要实事求是，不要阿谀逢迎。

【述评】

有时候，话说多了，有些话还没有经过大脑就先脱口而出了，而这时再想收回自己所说的话，已经不可能了。有句谚语说：“是非只为多开口，烦恼皆因强出头。”人和人之间之所以会产生那么多是非对错，就是因为话太多，所以我们应该少言、慎行。

每次在讲话前，我们都应该仔细想一想，是否有更好的表达方式，既可以将自己的话说明白，又不伤害对方，做到两全其美。

有时候，我们总在不经意间，因为一句无心的话，伤害了那些关心我们的人，最后不但使他们受到伤害，还可能让其远离我们。所以古人才会说“口是祸福之门”，说话的时候不注意，往往会为自己带来祸患。

在人际交往中，语言是沟通的桥梁，而如何运用语言是人际交往的关键。“话说多，不如少”，在言谈中，过量的话语不如少量的言语有效。这启示我们在表达观点时要言简意赅，避免冗长的发言。冗长的发言容易让人感到疲惫，难以抓住重点，反而会降低沟通的效率。同时，在交流中，我们要学会聆听他人的观点，给予对方充足的时间来表达自己的想法。

“惟其是，勿佞巧”，在交流进入主题后，我们要坚持真实、准确、恰当地表达，不夸大其词，不虚伪献媚。佞巧的语言虽然能够暂时博得他人的好感，但长久来看，真诚、朴实的语言更能赢得他人的信任和尊重。

在一个团队中，小张总是喜欢发表自己的观点，而且经常言辞激烈。虽然他的出发点是好的，但过多的发言会让他人感到疲惫，且不易被接受。小李则是个优秀的沟通者，他的话语量适中，总能准确表达自己的观点。他在交流中注重倾听他人的意见，使得他的言谈更具说服力。这个案例告诉我们，适量的言语和实事求是的表达是良好沟通的关键。同时，我们要学会倾听他人的观点，尊重他人的意见，以真诚、朴实的语言赢得他人的信任和尊重。

此外，我们还需要注意到这句话的局限性。在某些场合，如演讲、谈判等，为了达到特定的目的，可能需要运用巧妙的言辞和修辞技巧。此时，恰当的华丽言辞和巧妙表达可能会起到更为理想的效果。因此，在实际运用中，我们要根据具体情况灵活运用，避免陷入绝对化的误区。

总之，这句话体现了中国传统文化中的“中庸之道”。在言谈中，过分啰唆和过少的表达都可能导致误解，只有适量的言语才能达到清晰、准确、有力的沟通效果。此外，这句话也与《论语·学而》中的“巧言令色，鲜矣仁”有异曲同工之妙，强调了真实、朴实、诚实言语的价值，反对虚伪、浮夸、巧妙的言辞。

这句话对于现代社会的沟通交流也具有积极的指导意义。在当今社会，随着信息爆炸、社交媒体的盛行，人们很容易陷入无休止的闲聊和空谈之中。而这句话提醒我们要有选择地说出必要的话语，用简练、精准的语言表达自己的观点和意见。这样不仅有利于提高沟通效率，还可以避免因言辞过于华丽而产生误解。此外，在面对一些需要解决的实际问题时，实事求是的话语和朴素真实的表达往往更能打动人心，从而取得更良好的沟通效果。

《双鸡图》

（明）陆治 收藏于台北故宫博物院

《墨子·墨子后语》中子禽问曰：『多言有益乎?』墨子曰：『虾蟆、蛙黾，日夜恒鸣口干舌擗然而不听。今观晨鸡，时夜而鸣，天下振动。多言何益?唯其言之时也。』况且『良言一句三冬暖，恶语伤人六月寒』，在与人相处时，我们说话要注意掌握分寸，不要说太多无用之话和伤人之话。

人之短处，要曲为弥缝

明·洪应明《菜根谭》："人之短处，要曲为弥缝，如暴而扬之，是以短攻短；人有顽的，要善为化诲，如忿而嫉之，是以顽济顽。"

【释义】

对于他人的短处和缺点，我们应该采取委婉的方式进行弥补和改善，如果直接暴露并指责这些缺点，那么就是以自己的短处攻击他人的短处；对于那些固执的人，我们应该通过善意引导和教育来帮助他们改变，如果因为愤怒或憎恨而对其进行指责，那么就是在用自己的固执助长他人的固执。

【述评】

在人际交往中，如何对待他人的短处和缺点是一个棘手的问题。有人主张直接指出他人的不足，以促使其改正；另一些人则认为应该保持宽容和耐心，以帮助他人成长。从中国传统文化和处世哲学来看，对于他人的短处，我们应该采取一种委婉、包容的态度，通过善意的引导和教诲来帮助他人改进。洪应明的这句话正是此意。

儒家思想强调“仁爱”，即以爱心对待他人，对于他人的缺点和错误，我们应该采取一种包容和理解的态度。道家思想强调“自然”，即以一种自然的方式去处理人际关系。佛家思想则主张“慈悲”，即以一种慈悲的心态去对待他人。因此，这句话所传达的，就是一种融合了儒、道、佛思想的处世哲学。

所谓人无完人，每个人都会有短处和缺点，这些短处和缺点可能会影响到我们与他人的关系。如果我们能够以一种包容和理解的态度去看待这些问题，那么我们就能够更好地与他人建立良好的关系。同时，这也能够帮助我们更好地了解他人，理解他们的问题和需求，从而避免与人沟通不畅、误解、不信任等问题，这些问题很可能会引发矛盾和冲突。但是，如果我们能够以一种委婉的方式去处理这些问题，那么我们就能够更好地化解矛盾，避免冲突。在具体实践中，我们可以采取一些措施，如倾听对方的意见、表达自己的观点、寻求共识等。通过这些方式，我们可以更好地解决问题，建立良好的关系。

而对于那些固执己见的人，我们应该通过善意的引导和教育来帮助他们改变。如果我们采取一种愤怒或怨恨的态度，那么很可能会引起更大的冲突和矛盾。相反，如果我们能够以一种善意的态度去引导和教育他们，那么很可能会收到意想不到的效果。在具体实践中，我们可以采取一些措施，如了解他们的观点、尊重他们的意见、提供一些有用的建议等。通过这些方式，我们可以更好地帮助他们改变自己的观点和行为。

洪应明的这句话所蕴含的处世哲学和智慧，是值得我们深入思考和借鉴的。在人际交往中，我们经常会遇到各种问题和挑战，如何处理这些问题是非常重要的。这句话告诉我们，以一种包容、理解和善意的态度去看待和处理这些问题，是一种更加有智慧和慈悲的处世方式。同时，这也能帮助我们与他人建立良好的关系，实现互利共赢的目标。然而，这句话也存在一些局限性。例如，在某些情况下，直接指出他人的错误可能是必要的。在工作和学习中，如果我们发现他人的错误而没有及时指出，那么可能会造成严重后果。因此，这句话所蕴含的道理，我们需要根据实际情况灵活运用。

《三教图》（明）丁云鹏　收藏于故宫博物院

画中孔子、老子、罗汉坐在树下谈论玄理。儒、释、道三家思想体系在中华文明中占据着重要地位，三家思想在各自发展的同时又相互影响。儒家思想主张『仁义礼智信』，倡导『修身、齐家、治国、平天下』，追求入世，勇于担当并经历磨炼；佛家思想强调因果循环，广结善缘；道家思想讲求与人和谐包容，遵循自然无为的原则。

毋侧听，毋噭应

西汉·戴圣《礼记·曲礼》：“毋侧听，毋噭应，毋淫视，毋怠荒。”

【释义】

不要侧耳偷听，不要大声喧哗，不要轻浮地东张西望，不要懒惰懈怠。

【述评】

这句话提醒我们，在与人交往时，应该保持一种不偷听、不喧哗、不东张西望、不懈怠的态度，以建立良好的人际关系。

首先，“毋侧听”告诫我们在与人交往时，不应该侧耳倾听别人的私事，这是一种尊重和礼貌的表现。我们应该尊重他人的隐私，不要去探寻他人的私事，更不要在他人的背后议论他们。

其次，“毋噭应”告诫我们在与人交往时不要大声喊叫。大声喊叫可能会让人感到不舒服，甚至会让人感到压力和困扰。我们应该根据不同的场合和情境，恰当地表达自己的情感和态度。例如，在公共场合，我们应该保持一种冷静、沉稳的态度；而在与好友相聚的场合，我们则可以表达自己的热情和友好。

《友松图》(局部)

(明)杜琼　收藏于故宫博物院

友情是一种精神食粮，也是千百年来延绵不灭的人类情感之一。在诗画中不难发现古人创作的不少赞美友谊的诗词歌画。友情是相互的关系，时刻保持“毋侧听，毋嗷应，毋淫视，毋怠荒”的君子态度，才能更被朋友珍惜和敬重。

再次，“毋淫视”告诫我们不要过度注视他人。过度注视会让人感到不舒服，甚至会让人感到自卑和羞耻。我们应该尊重他人的隐私和空间，不要随意打量他人。相反，我们应该通过恰当的交流和互动来建立良好的人际关系。

最后，“毋怠荒”告诫我们要珍惜时间，努力进取。懒惰和荒废时光只会让我们错失机会，落后于他人。我们应时刻保持积极进取的态度，珍惜时间，努力实现自己的目标和梦想。

在当今社会，这句话仍然具有非常重要的意义。在人际交往中，我们经常会遇到各种各样的问题和挑战。有时我们会感到无所适从，不知道该如何处理这些问题。这句话则给我们提供了一个很好的参考和指导。如果我们能够遵循这句话的教诲，保持一种谦虚、谨慎、稳重、勤勉的态度，那么我们就能更好地处理这些问题，建立良好的人际关系。

同时，这句话也提醒我们要注重自我修养。在人际交往中，我们的言谈举止和态度都会影响他人的感受和判断。如果我们能够注重自我修养，提高自身的素质和能力，那么我们就能更好地与他人交往，建立良好的人际关系。

侍坐于长者，屦不上于堂

西汉·戴圣《礼记·曲礼》：“侍坐于长者，屦不上于堂，解屦不敢当阶。就屦，跪而举之，屏于侧。乡长者而屦，跪而迁屦，俯而纳屦。”

【释义】

陪从尊长者而坐，不要穿鞋上堂，不能在台阶上解鞋带。穿鞋时，要跪着取鞋，然后去一旁穿上。为长者穿鞋要面向长者，先跪地取鞋，再俯身为他穿上。

【述评】

这段话主要描述了中国古代长幼尊卑有序的礼仪制度，体现了人们对长辈的尊敬。文章用简洁的语言展示了中国古代社会的伦理道德和家庭礼仪，对于我们了解古代文化和传统价值观具有参考价值。

“屦不上于堂，解屦不敢当阶”，长者在堂上，不要穿鞋上堂，也不能在台阶上解鞋带。这表明在古代中国，鞋子被认为是污秽之物，不能放在高贵的场所，如厅堂之上。同时，这也表示晚辈对长辈的尊重和恭敬，不能过于随便。在古代中国，尊重长辈是

《百老图》卷
（南宋）龚开　收藏于美国纽约大都会艺术博物馆

一种非常重要的传统价值观念。晚辈必须遵守一定的礼仪规范，不得随意。

“就屦，跪而举之，屏于侧”这一系列动作描述了晚辈该如何穿鞋。要跪着取鞋，然后去一旁穿上。“乡长者而屦，跪而迁屦，俯而纳屦”这一句描述了晚辈给长辈穿鞋的过程。晚辈要面向长者，先跪地取鞋，再俯身为他穿上。说到这里，想起张良给黄石公穿鞋的故事。

张良，字子房，“汉初三杰”之一，是杰出的军事家、政治家。刘邦能够得天下，他当记首功。张良年少的时候，曾经在沂水圯桥头遇到仙人黄石公。黄石公当时化身为一位身穿粗布短袍的老翁，他故意脱掉鞋子扔到桥下，并且要张良为他去拾鞋，语气还很不友好。张良见黄石公年老体衰，强忍怒气为他拾起鞋子。黄石公又命张良给他穿上，张良无奈，又跪下为他穿好鞋子。然而，黄石公不仅不感谢张良，还大笑不已，笑罢扬长而去。第二天，张良又在桥上碰到黄石公，黄石公故技重施，再次刁难张良。如此反复再三，张良始终没有对黄石公动怒。黄石公终于确认张良是个大将之才，于是摇身一变，显出仙体，还送给张良一本书，说只要读懂这本书，就能成为帅才，将来可以兴国安邦。张良定睛一看，此书是《太公兵法》。后来张良辅佐刘邦夺天下，多次以《太公兵法》进说刘邦，刘邦称其“运筹帷幄之中，决胜千里之外”。

总体来说，晚辈给长辈穿鞋，强调了晚辈对长辈的尊重。这种礼仪制度体现了中国古代社会的伦理道德和家庭礼仪，是中华民族优秀传统文化的重要组成部分。

然而，这种礼仪制度也存在一些问题。例如，它强调了长幼尊卑的等级关系，使人们的社会地位和身份变得非常重要。这种等级关系在一定程度上限制了人们的思想自由和平等权利。此外，这种礼仪制度过于烦琐和形式化，使得人们的精神和身体都受到了束缚。

在现代社会中，虽然我们已不再需要像古代那样遵守烦琐的礼仪规范，但我们可以从传统文化中汲取智慧和启示。例如，我们可以学习如何与人相处、如何处理人际关系、如何尊重他人等。我们也可以学习谦虚、谨慎、勤俭、孝顺等传统美德，这些都是我们现代社会需要弘扬的价值观。

《临雍拜老》

选自《帝鉴图说》法文外销画绘本 （明）张居正等/编 （清）佚名/绘
收藏于法国国家图书馆

《礼记·文王世子》记载："适东序，释奠于先老，遂设三老、五更、群老之席位焉。"郑玄为其注释："三老五更各一人也，皆年老更事致仕者也，天子以父兄养之，示天下之孝悌也。名以三五者，取象三辰五星，天所因以照明天下者。"古代设"三老五更"以更好地赡养老人。

将适舍，求毋固

西汉·戴圣《礼记·曲礼》："将适舍，求毋固。将上堂，声必扬。户外有二屦，言闻则入，言不闻则不入。将入户，视必下。入户奉扃，视瞻毋回；户开亦开，户阖亦阖；有后入者，阖而勿遂。毋践屦，毋踖席，抠衣趋隅。必慎唯诺。"

【释义】

到别人家去拜访，不能随便。进入正堂时，要出声探问。见到门外有两双鞋子，听到别人说话才可以进入，没有听到说话就不要进去。进入室内时，视线要放低，不要张望。进入室内后双手要像捧着门闩一样恭敬地放在胸前，不要回头张望。如果房门是开着的，就让它开着；如果是关闭的，就让它关闭；如果后面还有人过来，就关上门但不要关紧。进门时不要踩到别人的鞋子，就座时不要跨过席子，应当提起衣襟走向角落。回答时要谨慎，不要轻易做出承诺。

【述评】

在人际交往中，到别人家拜访是一种表达敬意和友好交往的方式。这种行为不仅体现了对主人的尊重，也有助于建立良好的人际关系和社会关系。但是，拜访并不是随便的事情，需要遵循一定的礼仪和规矩。

进入正堂时，要出声探问，这是对主人的尊重和礼貌。如果主人没有及时回应，则应该等待主人邀请才能进入。同时，要注意观察门口是否有一双以上的鞋子，这可能是其他人在场或者有私人谈话在进行。此时应该等待主人邀请再进入，或者在门外等候。这些细节体现了对主人的尊重，有助于维护主人的私人空间和隐私。

进入室内后，视线要放低，不要四处张望。这不仅是对主人的尊重，也是自身修养和素质的体现。同时，双手要像捧着门闩一样放在胸前，不要回头张望，以表示对主人的尊重和礼貌。这些行为能够让主人感到被尊重和理解，也有助于营造一种友好、和谐的交流氛围。

在室内行走时，要注意不能踩到别人的鞋子，就座时也不要跨过席子，应当提起衣襟走向角落。这不仅是一种礼貌和修养，也是为避免影响主人的生活。这些细节能够让主人感到被尊重，有助于维护公共空间的秩序和卫生。

在回答主人或者他人的提问时，要谨慎，不要轻易做出承诺。这是为避免因承诺无法兑现而影响人际关系。在交流中应注重真实、客观地回答，不要夸大其词或含糊其词。这不仅有助于维护诚信的人际交往，也有助于避免后续发生矛盾与纠纷。

此外，在拜访过程中，还应注意不要过于亲密或者过于疏离。过于亲密会让人感到不舒服，过于疏离则会让人感到冷漠和疏远。应该保持适当的距离和礼貌，以建立良好的人际关系和社会关系。这不仅有助于维护私人空间的边界和隐私，也有助于建立友好、

和谐的交流氛围。

在结束拜访时，应该向主人表示感谢并告别。如果需要逗留一段时间，应该提前与主人商量并遵守主人的时间安排。在离开时，应该轻轻带上门，并再次向主人表示感谢。这些细节能够体现拜访者的礼貌和尊重，也有助于维护主人的私人空间和隐私。

总之，到别人家去拜访，我们应该尊重主人、保持礼貌、注意细节、遵守规矩，以建立良好的人际关系和社会关系。同时，我们应该根据实际情况灵活运用这些礼仪和规矩，以适应现代社会的变化和发展。

《山庄客至图》（局部）
（明）文徵明　收藏于辽宁省博物馆

《程门立雪》(局部)

选自《雪景故事》册 (清)孙祜 收藏于故宫博物院

取材自《宋史·杨时传》:“见程颐于洛,时盖年四十矣。一日见颐,颐偶瞑坐,时与游酢侍立不去。颐既觉,则门外雪深一尺矣。”成语“程门立雪”比喻尊师重道。

凡与客入者，每门让于客

西汉·戴圣《礼记·曲礼》：“凡与客入者，每门让于客。客至于寝门，则主人请入为席，然后出迎客。客固辞，主人肃客而入。主人入门而右，客入门而左；主人就东阶，客就西阶。客若降等，则就主人之阶；主人固辞，然后客复就西阶。主人与客让登，主人先登，客从之，拾级聚足，连步以上。上于东阶则先右足，上于西阶则先左足。帷薄之外不趋，堂上不趋，执玉不趋。堂上接武，堂下布武，室中不翔。并坐不横肱，授立不跪，授坐不立。”

【释义】

当主人与客人一起进入房间时，每过一门，主人会让客人先通过。当客人到达寝室门口时，主人会先进入房内布置座位，然后出来迎接客人。客人一再推辞，主人一再邀请客人进入。主人走进门向右走，客人走进门向左走。主人来到东阶就步，客人来到西阶就步。客人如果身份低，那么就跟着主人的步伐。主人一再推辞，然后客人再上西阶。主人与客人上下台阶相让，主人先上，客人跟着他，一步一步连续往上登。上东阶则先迈右脚，上西阶则先迈左脚。经过帷帐时不要快走，在堂上不要快走，拿着玉时不要快走。在堂上要小步慢走，两脚脚印相续；在堂下要迈开步子快走，两脚脚印分开；在室内行走不要张开双臂。和客人并坐时不要横着手臂。给站立着的人递东西时不要跪着，给坐着的人递东西时不要站着。

【述评】

礼仪是一种非常重要的社会行为准则，它不仅规定了人们在社会生活中的行为规范，还体现了人与人之间的相互尊重和信任。它是人类文化的重要组成部分，也是人类在相互交往中必须遵循的基本规则。在礼仪的多种形式中，迎宾之礼是一种重要的社交礼仪，它体现了主人对来宾的热情招待和尊重。这种礼仪不仅可以促进人际关系的和谐，还可以延续民族文化的传承和发展。

在中国古代，迎宾之礼不仅是一种社交礼仪，更是一种文化传统和民族精神。这种礼仪不仅体现了人与人之间的尊重和信任，也反映了中国古代社会的文化底蕴和民族精神。在《周礼》、《仪礼》和《礼记》等古代文献中，都有关于迎宾之礼的详细记载和阐述。古人认为，迎宾之礼是“礼之始也”，是实现社会和谐、人际和睦的重要手段。因此，在古代中国的官方场合和民间习俗中，迎宾之礼都受到充分重视。

三国时期，诸葛亮在接待来访的客人时，就非常注重迎宾之礼。每当有客人来访，诸葛亮都会亲自到门口迎接，热情地向客人问好，并引导客人进入室内。在接待过程中，诸葛亮会按照客人的身份和地位安排座位，并命人准备茶水和点心。他还常常以客人的兴趣和爱好为话题，与客人进行深入的交流。在送客时，诸葛亮也会亲自送到门口，并赠送客人一些礼品或书，表示对客人的尊重。诸葛亮作为三国时期的智者，他的行为不仅体现了迎宾之礼的精神内涵，也反映了中国古代社会的荣誉观念。

除了中国古代的迎宾之礼，世界上许多国家和地区都有自己的迎宾礼仪。例如，在一些国家的官方场合中，仍然会有一些基本的迎宾之礼，如引导来宾、相互介绍、赠予鲜花等。这些礼仪虽然与中国古代的迎宾之礼有所不同，但基本原则和精神仍然是相同的，即尊重来宾、热情招待、体现文化传统和民族精神等。

在现代社会，虽然社交礼仪已发生了变化，但是迎宾之礼的基本原则和精神仍然存在。随着社会发展和全球化的推进，人们之间的交往越来越频繁、密切。在这样的背景下，迎宾之礼的作用更加突出。在商务会议中，对来宾的热情迎接和周到招待不仅可以增强双方的合作意愿，还可以为公司的形象加分。在文化交流活动中，对来宾的尊重和热情招待不仅可以促进文化交流，还可以增强民族文化的传承和发展。

概括来说，迎宾之礼是一种重要的社交礼仪，它不仅体现了人与人之间的相互尊重和信任，还反映了文化传统和民族精神。在当代社会，我们应该继承和发扬迎宾之礼的基本原则和精神，为促进人际关系的和谐、民族文化的传承和发展做出自己的贡献。

《三顾茅庐图》

（明）戴进　收藏于故宫博物院

三顾茅庐的典故出自《三国志·蜀志·诸葛亮传》，刘备三次登门拜访诸葛亮，请其出山。

侍坐于先生，先生问焉，终则对

西汉·戴圣《礼记·曲礼》：“侍坐于先生，先生问焉，终则对。请业则起，请益则起。父召无诺，先生召无诺，唯而起。侍坐于所尊敬，毋余席。见同等不起。烛至起，食至起，上客起。烛不见跋。尊客之前不叱狗。让食不唾。侍坐于君子，君子欠伸，撰杖屦，视日蚤莫，侍坐者请出矣。侍坐于君子，君子问更端，则起而对。侍坐于君子，若有告者曰：‘少间，愿有复也。’则左右屏而待。”

【释义】

在先生身边侍坐，先生提问结束后才能回答。向先生请教学业时，要站起来。请求先生多讲一遍时，也要站起来。父亲召唤，不答“诺”；先生召唤也不能答“诺”，应起立回答“唯”。在长辈旁边侍坐要恭敬，不要有多余的座位。见到同等级的人不需要起身。见到点烛时起身，见到上菜时起身，见到客人时起身。不要等到蜡烛快要烧完、要烧到根部才更换。在尊贵客人的面前不要斥责狗。主人劝食时，不要吐唾沫。在君子身边侍坐，如果君子打哈欠或伸懒腰，拄着手杖要穿鞋子看天色早晚时，侍坐的人就应该告辞了。在君子身边侍坐，如果君子转换话题，就要起立回答。在君子身边侍坐，如果听到人说："稍等，有事请教。"这时左右两边陪坐的人都应当回避。

【述评】

在中国传统文化中，侍坐在先生身边学习是一种重要的礼仪规范。这种规定不仅体现了对先生的尊重，也有利于保持学习的秩序和效果。当先生向你问话时，你须等先生问完后再回答，不可中途打断。这种礼节有利于增进学习的专注力和效果，其影响在现代课堂礼仪中依然可见，展现了对先生和知识的尊重。

在家庭礼仪中，父亲拥有绝对的权威，子女必须服从父亲的决定和要求。在中国古代，家庭是社会的细胞，家庭秩序是社会秩序的基础。因此，在父亲召唤时，不能直接回答"诺"，而应站起来回答"唯"。这种规定不仅体现了对父亲的尊重，也体现了家庭秩序。然而，在现代社会，过分强调父亲的权威可能会压制孩子的个性和独立思考的能力。因此，我们需要在尊重长辈的同时，注重培养孩子的个性和独立思考能力。

在见到同辈人过来时，你可以不起立；但当掌火烛的人、送饭的人或主人的贵客前来时，你必须起立，以示尊重。这种礼仪展现了对长辈和客人的敬重，也体现了社会秩序和尊重他人的原则。不要等到蜡烛快烧完了才更换，也不能在客人面前大声呵斥喂养的狗，这是对客人的敬重。主人让客人进食时，不可吐口水，这是对食品的尊重，也是对客人的尊重。这些礼仪规范体现了中国古代人对客人的敬重和友好，也展现了主人和宾客之间的友好关系。

在君子身旁陪坐时，有一套严格的礼仪规定。如果看到君子打哈欠或伸懒腰，拿起手杖要穿鞋子看天色早晚时，侍坐的人就应该起身告辞了。这是因为君子需要休息，而陪坐者不应该打扰君子。如果君子转换话题，就要起立回答。这既是对君子的尊重，也是对知识的尊重。当有人想与君子交谈时，左右两边陪坐的人都应当回避。这是对君子和来人的尊重。这些礼仪规范体现了中国古代人对君子的敬重和对知识的尊重。然而，我们也应认识到，中国古代的礼仪并不完全适用于现代社会。例如，在家庭礼仪中，父亲的权威被过分强调，这可能压制了孩子的个性和独立思考的能力。因此，在继承和发扬的同时，我们也需要对其进行批判和选择，以期在当代社会中发挥其应有的价值。

古代的老师

老师是传道授业解惑的人，尊师重道是中华民族的传统美德。《吕氏春秋·尊师》写道："生则谨养，死则敬祭，此尊师之道也。"

《嗔顽童茗烟闹书房》
选自《清孙温绘全本红楼梦》册 （清）孙温 收藏于旅顺博物馆

《经师易获，人师难遇》(局部)

选自《养正图》册 (清)冷枚/绘 (清)张若霭/书 收藏于故宫博物院

张若霭在图册中题：汉灵帝时，郭泰以有道。徽尝游太学，诸生三千人，泰为冠，童子魏照求师事之，供给洒扫。泰曰："汝少，当精义讲书，何得暇来与我相近？"照曰："经师易获，人师难遇。今我之来，正以素丝之质附近朱蓝，惟其所染耳。"魏照童子而能见及于此，可谓颖异不群者矣。

其原句出自东晋袁宏《后汉纪》，司马光搬运至《资治通鉴·汉纪》："经师易遇，人师难遭，愿在左右，供给洒扫"。

君子之爱人也以德

西汉·戴圣《礼记·檀弓》："曾子曰：'君子之爱人也以德，细人之爱人也以姑息。'"

【释义】

曾子说："君子爱人是基于道德原则。相反，小人往往放弃原则，放任对方的不良行为。"

【述评】

曾子，名参，字子舆，孔子的弟子之一，以其深刻的哲学思想和独到的教育见解闻名于世，被后世尊称为"宗圣"。他的学说理念注重道德修养和人际关系，体现了儒家思想的核心价值。在探讨人类情感和人际关系的过程中，曾子提出的"君子之爱人也以德，细人之爱人也以姑息"这一观点，对我们理解人与人相处的本质具有深刻的启示。这句话强调了君子与小人对待他人的不同方式，从而引导我们反思如何在日常生活中以德爱人，避免姑息养奸。

在一个小镇上，有一位年迈的老人，大家唤他王大爷。他独自生活，子女均已迁居外地。某日，王大爷不慎在家中摔倒，腰部受伤，生活无法自理。他的邻居李阿姨得知消息后，主动提出要照顾他。李阿姨每天给他送饭、打扫卫生，协助他上下床。然而，李阿姨的方式不太恰当，她总是迁就王大爷的喜好，给他吃油腻的食物，忽视了他的健康问题。在这个案例中，李阿姨的行为便体现了“细人之爱人也以姑息”。她没有考虑王大爷长远的身体健康，只顾及他眼前的喜好。

与此同时，社区里另一位居民张先生，也主动帮助王大爷。他与李阿姨的不同之处在于，张先生不仅关注王大爷的日常生活需求，还积极向他普及健康知识，劝他改变生活陋习。张先生的行为体现了“君子之爱人也以德”。他以德爱人，不仅关注王大爷的物质需求，还致力于改善他的生活质量。

通过对比李阿姨和张先生的不同做法，我们可以体会到“君子之爱人也以德，细人之爱人也以姑息”这句话的深刻含义。君子之爱并非仅关注对方的物质需求，而是以德去影响和提升对方的境界。相反，小人之心则过于姑息，迁就对方的喜好和弱点，忽视长远利益和道德准则。

在现实生活中，我们要学会以曾子所倡导的君子之爱去对待他人。这不仅要求我们关注他人的基本需求，更要求我们注重道德品质和价值观的传递。我们应该在关心他人的同时，教导他们分辨是非，树立正确的价值观。这样，我们才能真正做到以德爱人，提升彼此的生活质量。

曾参像

选自《历代圣贤半身像》册 （元）佚名

收藏于台北故宫博物院

在践行君子之爱的过程中，我们还需要学会把握好度。过度的关爱可能会演变成溺爱，导致对方无法独立成长。因此，我们要在关爱与放手之间寻求平衡，为对方营造成长的空间。

巧言、令色、足恭，左丘明耻之

先秦·孔子弟子及其再传弟子《论语·公冶长》：“子曰：‘巧言、令色、足恭，左丘明耻之，丘亦耻之。匿怨而友其人，左丘明耻之，丘亦耻之。’”

【释义】

孔子说：“花言巧语，面貌伪善，过分恭顺，这种人，左丘明认为可耻，我也认为可耻。心里藏着怨恨，表面上却装作友善的样子，这种人，左丘明认为可耻，我也认为可耻。”

【述评】

在孔子的言论中，他对于人的品行和道德要求甚高。他强调真诚、正直和谦逊，反对虚伪和矫饰。“巧言、令色、足恭”这三个词，是形容一个人虚伪面貌的三个特点。巧言，即言辞过于华丽，常常言过其实；令色，即表情过于伪善，常常带着假笑；足恭，即态度过于恭敬，常常过分谦卑。这种虚伪的行为在现实生活中并不少见，甚至在一些场合中，这些行为会被视为一种交际技巧，被一些人推崇，受到欢迎。孔子认为这些行为是可耻的，对于我们现代人来说仍具有启示意义。

例如，李明是一位销售人员，他深知如何讨好客户，在与客户交流时，他总是使用华丽的辞藻，展现出过分热情和恭顺的态度。然而，他的言辞常常夸大事实，使得客户对他并不信任。最终他的这种行为导致客户流失，他的事业也遭受重创。这个例子说明，巧言令色的行为虽然能在短期内获利，但长期来看，会损害个人的信誉和形象。

“匿怨而友其人”是指内心藏着怨恨，表面上却同人要好。这种人表面上与你友好亲密，实际上内心充满不满与怨恨。孔子认为这种行为也是可耻的，违背了真实、诚信的原则。

例如，张丽和王娟是同事关系。张丽在工作上常常帮助王娟，王娟却常常将张丽的帮助视为理所当然，没有丝毫感激之情。此外，王娟还在背后说张丽的坏话。然而，当着张丽的面时，王娟却表现得十分友好。这种表面上的友好，实际上是掩盖内心的怨恨和不满。最终，这种行为导致张丽对王娟并不信任，也影响了两人之间的关系。

因此，在日常生活中，我们应该时刻提醒自己要真诚待人，不仅要欣赏那些真诚、正直的人，也要努力成为那样的人。只有这样，我们才能与他人建立真正的信任和友谊。

左丘明像

选自《历代圣贤半身像》册

（元）佚名　收藏于台北故宫博物院

左丘明，春秋时期思想家、文学家，鲁国史官，史称“百家文字之宗、万世古文之祖”。著有编年体史书《左传》（又名《左氏春秋》）和国别体史书《国语》。

不窥人闺门之私

东汉·班固《汉书·文三王传》:“不窥人闺门之私,听闻中冓之言。”

【释义】

不窥探别人的隐私,也不听闻别人有伤风化的丑话。

【述评】

随着社交媒体的普及,人与人之间的信息交流变得更加便利。然而,这也给窥探他人隐私和传播流言蜚语的人提供了便利。有些人喜欢在社交媒体上窥探他人的私人生活,甚至会恶意揣测和散布不实信息。这种行为不仅侵犯了他人隐私,也会给当事人带来困扰,甚至是伤害。

在现实生活中,窥探他人隐私和传播流言蜚语的行为也屡见不鲜。例如,有些人在职场中喜欢打听他人的私事,或散布关于他人不实的传言。这种行为不仅有损个人的形象和声誉,也会破坏团队的合作氛围。又如,某位网友因为在社交媒体上看到了一位明星的私人照片,便开始制造并传播与该明星相关的谣言,给该明星带来了许多困扰。

作为现代人，我们应该遵循“不窥人闺门之私，听闻中蒂之言”的道德准则，尊重他人隐私，不随意窥探他人的私生活，也不恶意揣测和散布不实信息。

如果需要了解他人的情况，我们应该通过正常的社交渠道获取信息，而不是以偷窥或传播流言的方式获取信息。同时，我们应提高个人信息保护意识，不随意在社交媒体上公开自己的个人信息，也不随意关注和转发他人的信息。在保护好自己的同时，尽可能保护他人的隐私权。

在职场中，有些人喜欢打听同事的私事，或者散布一些同事的不实传言。例如，某公司的一位员工因为得知同事之间的一些私人矛盾，便在办公室里散布了一些不实传言，导致同事之间相互猜忌。这种行为不仅让当事人十分不满，还给公司带来了不良影响。

总的来说，在现代社会中，涉及窥探他人隐私和传播流言蜚语的问题屡见不鲜。在保证言论自由的前提下，我们应该尽可能地保证信息的真实性和公正性，不要因个人目的而损害他人的利益和形象。我们应该建立健康的社交观念，明确什么是可以说的，什么是不能说的。在社交场合，不应该以打听他人私事或散布不实传言为乐，而应该以健康、积极的交流为主，营造良好的社交氛围。

不可乘喜而轻诺

明·陈继儒《小窗幽记·集法篇》："不可乘喜而轻诺，不可因醉而生嗔；不可乘快而多事，不可因倦而鲜终。"

【释义】

不可以凭一时高兴就轻易许下承诺，不可以乘着酒醉而发怒，不可以凭一时冲动而滋生事端，不可以假借疲惫而做事有始无终。

【述评】

这句话是古人修身的经典名言，也是我们现代人应该遵循的道德准则。在现实生活中，很多人往往在高兴的时候，不假思索地答应别人的请求，之后却不能兑现自己的诺言。这种行为不仅会损害自己的信誉，还会给别人带来困扰和失望。例如，有位同学在聚会时听到朋友诉说自己的难处，一时高兴便承诺要帮助朋友。但事后却因为自己的事情太多而忘记了，让朋友很是失望。这种轻率的诺言，不仅会损害自己的信誉，还会使自己失去朋友的信任。

在生活中，很多人往往因一些小事情而大动肝火，甚至酿成悲剧。这种行为不仅会伤害他人，还会让自己付出代价。有位男士在酒吧喝酒，因为一些口角与他人发生冲突，进而大打出手。

最终，他因为打人而受到法律制裁，被判入狱。这个案例告诉我们，一时的冲动可能会让我们付出沉重的代价，我们应学会控制自己的情绪。

此外，醉酒或兴奋过度，也会让人冲动好斗，做出一些出格的事情，结果给自己和他人带来麻烦。某个年轻人在庆祝生日时，因一些小事情与他人发生争执，最终演变成一场激烈的打斗。结果，他和他的朋友都受伤入院。这个案例告诉我们，应尽量避免因一时的快乐而做出冲动的行为。

“不可因倦而鲜终”，这句话告诫人们，不要因为一时的疲惫而半途而废。生活中，很多人在面对困难和挑战时往往缺乏恒心和耐心，导致失败。这种行为不仅会让人感到沮丧和失望，还会让人错过很多机会。我们要有坚韧不拔、不轻易放弃的精神，这样才能更好地面对生活中的各种挑战和机遇。

《戒酒防微》

选自《帝鉴图说》法文外销画绘本（明）张居正等/编（清）佚名/绘 收藏于法国国家图书馆

这是一则关于大禹为防止喝酒误国而戒酒的自律故事。夏朝史书记载：禹时仪狄作酒。禹饮而甘之，遂疏仪狄，绝旨酒，曰：『后世必有以酒亡国者。』

君子以文会友，以友辅仁

先秦·孔子弟子及其再传弟子《论语·颜渊》：“曾子曰：‘君子以文会友，以友辅仁。’”

【释义】

曾子说：“品德高尚的人用文章、学问结识朋友，凭借朋友辅助自己来培养仁道。”

【述评】

“文”不仅指文化知识，还包括人文素养、文化修养等内容。君子通过与拥有共同兴趣爱好的人结交朋友，互相交流，不断提高自己的文化水平。同时，朋友之间的互相帮助也能促使君子更好地培养自己的仁德。

“以文会友，以友辅仁”的思想不仅在历史上有着丰富的实践经验，而且对于现代社会仍然具有很大的启示意义。

首先，这句话提醒我们在人际交往中要注重文化修养。在当今社会，人与人之间的交流更多地依赖于网络和各种社交平台。我们可以通过这些渠道获取各种信息，但同时应该注重自身文化素质的提高。只有这样，才能在各种社交场合展现自信与魅力，结交到更多志同道合的朋友。

其次，这句话强调了朋友之间的互相帮助与共同成长。在现实生活中，我们常常需要别人的帮助和支持。朋友之间的互相帮助不仅能够解决我们面临的问题，还能促使我们共同成长和进步。通过互相学习、交流与合作，我们可以建立起一种真诚、稳定的友谊关系，这种关系对于我们的生活和工作都有巨大的价值。

最后，这句话也提醒我们要注重仁德的培养。在当代社会，人们往往过于关注自身的利益和欲望，忽略了道德和仁义的重要性。君子之道要求我们要注重道德修养，培养仁德之心。通过与具有良好品德的朋友进行交流和互相帮助，我们可以更好地实现自我提升。

文人雅集

古代志同道合的文人雅士们时常会以文会友，举办雅集。“或十日一会，或月一寻盟”，聚到一起谈论琴棋书画，酌酒品茗，他们文采出众，惺惺相惜。史上著名的雅集有“兰亭集会”“西园雅集”“杏园雅集”“玉山雅集”等。

《西园雅集图》

（宋）刘松年（传） 收藏于台北故宫博物院

王晋卿

王仲至

《杏园雅集图》（局部）　（明）谢环　收藏于美国纽约大都会艺术博物馆

《摹宋人文会图》（局部）　（清）姚文瀚　收藏于台北故宫博物院

却之不恭

战国·孟子及其弟子《孟子》：万章问曰："敢问交际何心也？"孟子曰："恭也。"曰："'却之却之为不恭'，何哉？"曰："尊者赐之，曰，'其所取之者义乎，不义乎？'而后受之，以是为不恭，故弗却也。"

【释义】

万章问："请问与别人交际时，应该持有怎样的心情？"孟子说："恭恭敬敬的心情就行了。"万章说："一次又一次地拒绝别人的礼物就是不恭敬，这是为什么？"孟子说："尊贵的人赏赐时，说'对方收取这些东西，是符合道义的，还是不符合的呢？'。考虑妥当了才接受，这样做是不恭敬的，所以不要拒绝。"

【述评】

在人类社会中，交际是普遍存在的。我们每天都在与不同的人进行交流和互动，这种交际不限于语言，还包括肢体动作、面部表情、礼物交换等。而在交际中，恭敬之心是一种基本的礼仪和道德要求。万章问及交际中的恭敬之心，孟子给出了简洁而深刻的回答："交际中应保持恭敬之心。"

孟子认为，在交际中应该保持恭敬之心。这种恭敬之心不仅表现在态度上，还体现在接受他人给予的礼物或帮助时。当尊贵的人给予我们礼物或提供帮助时，我们应该谦卑地接受，并对此表示感激。这是因为这些礼物或帮助可能是尊贵的人经过深思熟虑后才给予我们的，而我们在接受时应该考虑到这一点。

在现实生活中，这种恭敬之心表现为对长辈、老师、上级的尊重和礼貌，以及朋友、同事之间的互相支持和帮助。这种恭敬之心还有助于我们建立和维护良好的人际关系，增加彼此的信任和友谊。

春秋时期，齐国的晏子是一位杰出的政治家和思想家。有一次，他的国君赐给他一些土地，他接受了土地，但并没有表现出过多的欣喜和感激。国君对此非常不满，认为晏子没有恭敬之心。但是，晏子解释说，他接受土地是因为这是国君的命令，他对此并不质疑。他对国君的尊重和恭敬体现在他平时的言谈举止中，而不是仅在接受土地时才表现出来。只要我们平时表现出对他人的尊重和关心，我们就能建立起良好的人际关系，加深彼此的友谊。

有些人可能会质疑，认为过于注重恭敬之心会让人变得虚伪和客套。但是，孟子所强调的恭敬之心并非一种表面形式，而是基于内心的真诚和尊重。我们在与他人交往时，并不是为了得到什么，而是因为对他人有所感激和尊重，所以才表现出谦卑和恭敬。

此外，有些人可能会认为，在当今社会，过于注重恭敬之心会让人失去自我，变得软弱和依赖他人。但孟子所强调的恭敬之心并不是一种消极的态度，而是积极的表现。当我们对他人给予的帮助和礼物表示感激时，我们也会因此更加珍惜这份情谊，并在日后有机会时予以回报。这种积极的互助关系能够促进人际关系的和谐与稳定。

朋友之馈，不拜

先秦·孔子弟子及其再传弟子《论语·乡党》："朋友死，无所归，曰：'于我殡。'朋友之馈，虽车马，非祭肉，不拜。"

【释义】

孔子的朋友死了，没有人安葬他，孔子说："那我来给他举行殡葬之礼吧。"对于朋友的馈赠，即使是车和马，只要没有祭祀用的肉，孔子在接受时，也不行拜谢礼。

【述评】

孔子的这段话，表达了他对友情的珍视和尊重。这段话历经千百年，依然被人们传颂不已。在当今社会，这种纯粹的友情观念逐渐被人们淡忘。然而，我们仍然需要发扬这种精神，让真正的友情得以传承。

孔子认为，作为朋友，应该尽力帮助对方，给予他最大的支持和关怀。即使朋友去世，也要负责处理好他的后事，这是一种道义上的责任和担当。这种观念在现代社会逐渐被淡化，很多人对朋友的生死冷漠无情，甚至不闻不问，这种态度是值得我们深思的。

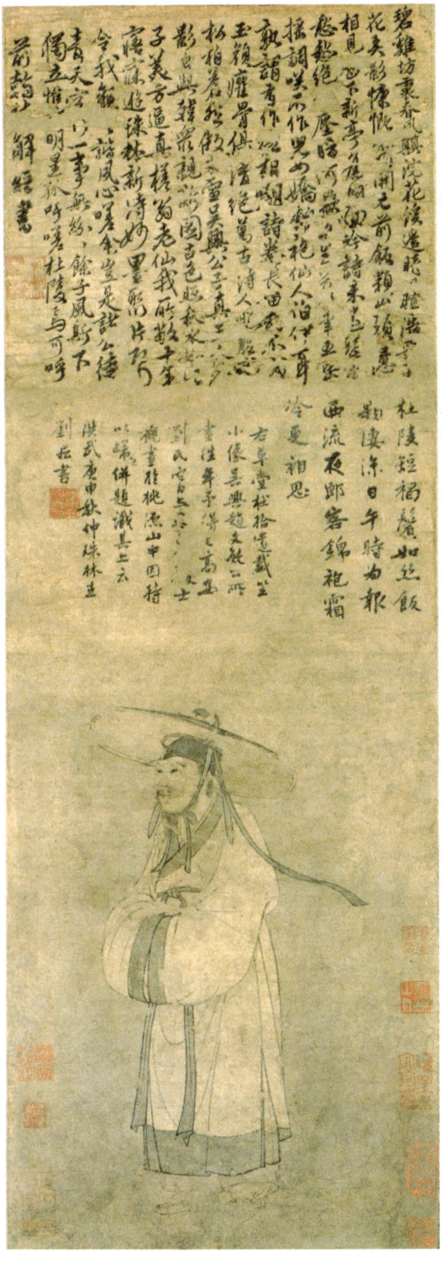

孔子也认为，朋友送再贵重的礼物都不应该拜谢，除非是祭祀用的肉。这表明孔子认为友情是无价的，不能用金钱来衡量。同时，他也强调了祭祀的重要性。在现代社会，很多人对友情的态度已经发生了变化，他们把友情看作一种利益交换，而不是一种纯粹的感情。这种态度值得我们反思。

在中国历史上，有很多关于纯粹友情的例子。例如，唐朝时的诗人李白和他的好友杜甫。他们两人虽然一生只见过三次面，但是通过诗歌互相交流、倾诉。在李白去世后，杜甫写下了《梦李白》这首诗，以表达对友人的怀念和敬意。这种纯粹的友情在现代社会已经很少见了，我们应该向他们学习。

在现代社会，我们需要重新审视友情的价值，尽力帮助朋友，给予朋友最大的支持和关怀。

《杜甫像》

（元）佚名　收藏于故宫博物院

唐肃宗乾元元年（758年），李白受牵连被流放夜郎，杜甫得知后担忧过度，积思成梦，于是作《梦李白》二首。

《高山流水》

选自《人物故事册》（明）仇英　收藏于故宫博物院

画中二人为伯牙与锺子期，“高山流水”比喻知己难求。他们的故事出自《列子·汤问》：“伯牙善鼓琴，锺子期善听。伯牙鼓琴，志在登高山。锺子期曰：‘善哉，峨峨兮若泰山！’志在流水，锺子期曰：“善哉，洋洋兮若江河！”伯牙所念，锺子期必得之。”《吕氏春秋·孝行览·本味》：“锺子期死，伯牙破琴绝弦，终身不复鼓琴，以为世无足复为鼓琴者也。”

吾日三省吾身

先秦·孔子弟子及其再传弟子《论语·学而》:“曾子曰:‘吾日三省吾身。为人谋而不忠乎?与朋友交而不信乎?传不习乎?’”

【释义】

曾子说:“我每天从三个方面反省自己,替人谋事有不尽力吗?与朋友交往有不诚信吗?老师传授的知识有没有温习?”

【述评】

曾子的这段话,表达了他对个人道德修养的重视和自我反省的精神,也是儒家思想中的一种重要的修养方法。

曾子所说的“为人谋而不忠”,如果赋予现代意义,是指自己在为别人谋划、提出建议或者提供服务时,是否尽心尽力,是否忠诚于自己的职责和义务。这是对于职业道德的强调,也是个人修养的重要内容。在职场中,我们不仅要完成自己的工作任务,还要尽可能地为公司、为客户着想,提供更优质的服务。只有尽心尽力地对待工作,才能够得到上司、同事的认可和尊重。

“与朋友交而不信乎”,则是指在与朋友的交往中是否做到了

《上书粘壁》

选自《帝鉴图说》法文外销画绘本 （明）张居正等/编 （清）佚名/绘
收藏于法国国家图书馆

唐太宗将奏折中比较好的建议抄于纸上，再把纸贴在墙壁上，以便时常观看并提醒自己如何更好地治理国家。

诚信相待。人无信不立，诚信是人际关系中的基石，只有以诚信为本，才能够建立起真正的友谊和信任。历史上，有很多关于诚信的故事和例子。例如，《史记》中“信陵君窃符救赵”的故事，讲述了信陵君为了救赵国，不惜冒着生命危险，窃取魏国兵符，打破了魏、赵之间的盟约，最终帮助赵国成功抵御了秦国的进攻。这个故事表现了信陵君的诚信和义气，也是他能够成为“战国四君子”之一的重要原因。

“传不习乎”，则指是否按时温习老师传授的知识。在古代，知识是宝贵的财富，老师的地位非常高，受人尊敬。因此，学生必须按时温习老师所传授的知识，不能将其束之高阁，这也是对知识的尊重。在今天，虽然获取知识的方式更加多样和便利，但这种对于知识的敬畏和珍视仍然值得我们学习。

在现代社会中，这段话对于我们的生活和工作仍然有着重要的指导意义。在与人交往中，我们要诚信相待，建立起真正的信任和友谊。在知识的学习上，我们要尊重知识，认真学习，不断提升自己。

除了实际应用，这段话所表达的个人道德修养和自我反省精神，也是中华民族传统文化的重要组成部分。这种修养方法和文化精神，不仅对个人成长和发展有着重要的指导作用，还对社会的和谐稳定和国家的繁荣发展有着重要影响。在今天这个强调个性、追求自由的社会中，这段话的意义和价值更加不容忽视。我们要将这种精神融入自己的行为和思想中，不断提升自身道德修养和综合素质，为个人和社会的发展做出更大的贡献。

君子成人之美

先秦·孔子弟子及其再传弟子《论语·颜渊》：“子曰：‘君子成人之美，不成人之恶。小人反是。’”

【释义】

孔子说：“君子成全别人的好事，不促成别人的坏事，而小人正好相反。”

【述评】

“君子成人之美”，即君子帮助他人实现善举，成就美好愿望。这是一种内在的善意和鼓励，反映的是君子的仁爱之心和宽容之量。“不成人之恶”，则是君子对于恶行的反对和制止，体现的是君子的正直和正义感。“小人反是”，意味着小人在道德上往往背离这些准则，他们不仅不会帮助他人实现善举，反而会推波助澜，助长恶行。

进一步分析，“君子成人之美”体现出一种积极的人格修养和社会责任感。在《论语》中，孔子多次强调仁爱的价值，认为每个人都应该具备仁心，关心他人。君子通过成人之美，不仅可以帮助他人实现愿望，也能够为社会树立良好的榜样，带动更多的人积极向善。

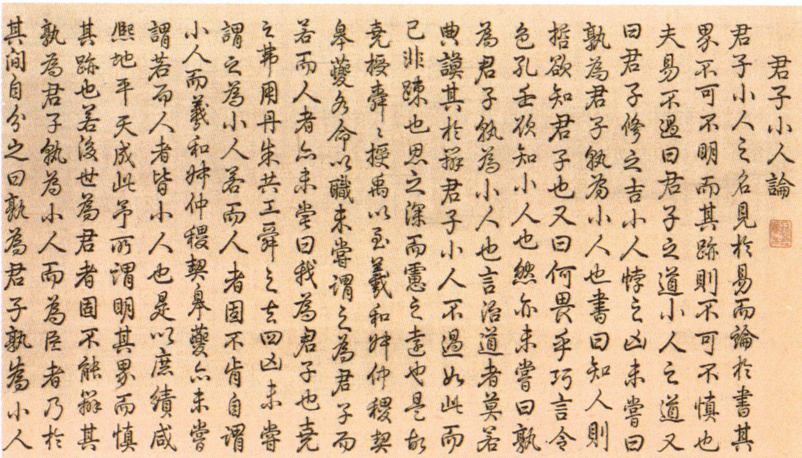
君子小人論
君子小人之名見於易而論於書其
界不可不明而其跡則不可不慎也
夫易不過曰君子之道小人之道又
曰君子修之吉小人悖之凶未嘗曰
孰為君子孰為小人也書曰知人則
哲欲知君子也又曰何畏乎巧言令
色孔壬欲知小人也然亦未嘗曰孰
為君子孰為小人也言治道者莫若
典謨其於辨君子小人不過如此而
已非跡也界之深而憲之遠也是故
堯授舜舜授禹以至羲和叔仲稷契
皋夔各命以職未嘗謂之為君子而
若而人者亦未嘗曰我為君子也堯
之弗用丹朱共工舜之去四凶未嘗
謂之為小人若而人者固不肯自謂
小人而羲和叔仲稷契皋夔亦未嘗
謂若而人者皆小人也是以庶績咸
熙地平天成此予所謂明其界而慎
其跡也若後世為君者固不能辨其
孰為君子孰為小人而為臣者乃於
其間自分之曰孰為君子孰為小人

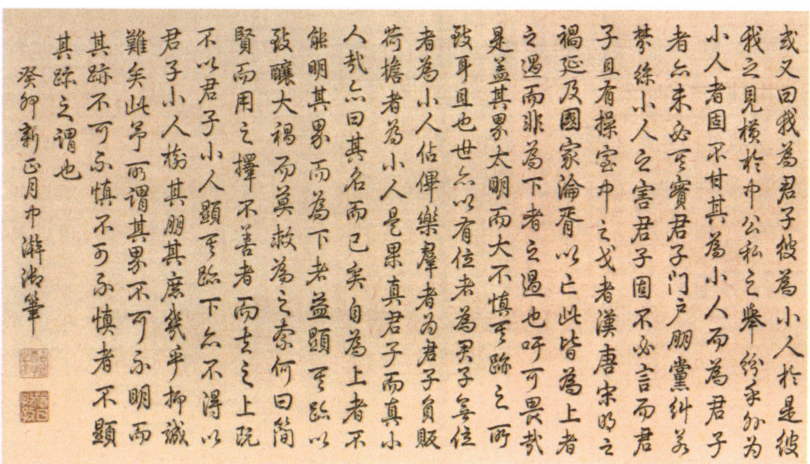
或又曰我為君子彼為小人於是彼
我之見橫於中公私之舉紛爭分為
小人者固不甘其為小人而為君子
者亦未必盡賢君子門戶朋黨糾葛
禁絲小人之害君子固不必言而君
子且有操室中之戈者漢唐宋明之
禍延及國家淪胥以亡此皆為上者
之過而非為下者之過也吁可畏哉
是蓋其界太明而大不慎乎跡之所
致耳且也世亦以有位者為君子無位
者為小人佔俾樂群者為君子負販
荷擔者為小人是果真君子而真小
人哉亦曰其名而已矣自為上者不
能明其界而為下者益顯乎跡以
致釀大禍而莫救為之奈何曰簡
賢而用之擇不善者而去之上既
不以君子小人顯乎臨下亦不得以
君子小人揣其朋其庶幾乎抑誠
難矣此予所謂其界不可不明而
其跡不可不慎不可不慎者不顯
其跡之謂也
癸卯新正月中澣御筆

《缂丝御笔君子小人论》卷（局部）

（清）乾隆

《君子小人论》是清乾隆皇帝于乾隆四十八年（1783 年）御笔亲书的文章，用以警谕君臣。

“不成人之恶”则是君子的底线。孔子曾说：“巧言令色，鲜矣仁。”（《论语·学而》）对于那些言辞动听、面貌伪善的人，孔子表示很难看到他们的仁心。因此，君子对于恶行持有明确的反对态度，他们不会放任恶行发生，而是采取积极的措施来制止。

相比之下，小人则缺乏这种道德准则。他们往往被个人利益所驱使，对于他人的福祉漠不关心。在历史和现实中，有许多小人的例子，他们为了一己之私，不惜伤害他人，甚至推波助澜，助长恶行。

为了更生动地阐述这一道德准则，我们可以援引一些历史故事和事例。例如，唐朝时的狄仁杰，以其公正无私、成人之美、不成人之恶的品德受到民众的尊敬。他担任大理寺丞时，发现一宗错判案件，尽管压力重重，但他仍坚持自己的判断，最终成功平反冤案，彰显了君子的正义感和责任心。

相反，如果我们观察历史上的暴政和独裁者，就会发现他们往往缺乏这样的道德准则。他们不仅没有成人之美、助人为乐的胸怀，反而热衷于推波助澜、助长恶行。例如，第二次世界大战时期的希特勒，为了实现自己的政治野心，不惜煽动民族情绪，鼓吹战争和种族灭绝政策。他的行为不仅没有成人之美，反而造成了巨大灾难。

一个社会的发展和进步离不开君子的引领和推动，君子通过成人之美的行动，树立道德标杆，激励他人向善。小人的存在则是一个社会的悲哀，他们缺乏道德底线，助长恶行，破坏了社会的和谐。因此，我们应该努力成为君子，坚持道德准则，推动社会的进步和发展。

最后，引用《大学》中的一句话：“君子有诸己而后求诸人，无诸己而后非诸人。”这句话表达了君子的自律和对他人的尊重。只有自己先做到成人之美、不成人之恶，才能要求他人仿效。

礼尚往来

西汉·戴圣《礼记·曲礼》："礼尚往来。往而不来，非礼也；来而不往，亦非礼也。"

【释义】

"礼"应该是相互的，如果你对别人很好，而别人对你并不好，这就失去了"礼"的本意。同样，你对别人并不好，而别人对你很好，这也不是"礼"所倡导的。

【述评】

"礼尚往来"是一种人际关系的基本准则，强调人们在交往中应该相互尊重、相互关心、相互帮助，以达到人际关系和谐、社会秩序稳定的目的。在现代社会，虽然人们的交往方式发生了很大变化，但是"礼尚往来"这一理念仍然贯穿于人际交往的方方面面。例如，在商业活动中，如果一方给予对方很大优惠或者帮助，对方却没有任何回应，那么这样的交往就是不公平的。同样，在日常生活中，如果你对别人很友好，别人却对你冷漠或者不关心，那么这样的交往也是没有意义的。因此，"往而不来，非礼也"这一理念提醒人们在交往中要注重相互尊重、相互关心、相互支持。

诸葛亮在治理蜀国时，提出了“以德服人”的理念。他认为，作为领导者，要以德为本，以德服人。如果领导者只顾自身利益，而对百姓的疾苦漠不关心，那么这样的领导者就不会得到百姓的信任和支持。同样，在现代社会，如果领导者只关心自己的政绩和形象，而对群众的诉求和困难置之不理，那么这样的领导者就违背了“往而不来，非礼也”的理念。

“来而不往，亦非礼也”这句话的意思是，如果别人对你很好，但是你对别人并不好，这也是不符合“礼”的宗旨的。在现代社会，这一理念同样适用。例如，在工作场所中，如果领导给予了员工很大的信任和支持，员工却对领导的工作要求和决策置之不理，那么这样的关系就是不平衡的。同样，在家庭中，如果父母对子女关怀备至，子女却对父母的付出和辛劳漠不关心，那么这样的家庭关系也是不健康的。因此，“来而不往，亦非礼也”这一理念提醒人们在交往中要懂得回报和感恩。

在日常生活中，我们可以从以下四个方面践行“礼尚往来”的精神。

一是尊重他人。在交往中，我们要尊重他人的意见和感受，不要轻易否定或者忽视他人的想法。

二是关心他人。在日常生活中，我们要关心他人的生活和困难，尽可能地给予帮助和支持。

三是回报他人。在得到他人的帮助和支持后，我们要心存感激，并回报他们的好意。

四是传递正能量。在人际交往中，我们要传递正能量，鼓励和支持他人的成长和发展。

总之，“礼尚往来”是一种人际关系的基本准则，也是一种社会秩序的体现。在人际交往中，我们应相互尊重、相互关心、相互帮助，以达到人际关系和谐、社会秩序稳定的目的。

诸葛亮像（局部）
（元）赵孟頫（传） 收藏于故宫博物院

用人物，须明求

清·李毓秀《弟子规》："用人物，须明求，倘不问，即为偷。"

【释义】

想用别人的东西，必须当面求取。如果不当面问，那就是偷盗。

【述评】

尊重他人，这个简单的道理是建立良好人际关系的基石。在这个日新月异、互动愈发频繁的现代社会，我们更需要在每一次的交流和互动中，时刻牢记并展现对他人感受和权利的尊重。

例如，当我们想要使用他人的物品时，必须先征得他人的明确同意。如果没有得到明确的许可，我们便不能擅自使用。这就像在办公室中，如果你想要借用同事的笔记本电脑，你必须明确地询问他是否可以借用，并强调你会注意保护个人隐私和数据安全。如果未经许可就擅自借用，不仅有可能违反公司规定，还会造成与同事之间的矛盾和误解。

这也让我们意识到，在进行人才培养时，道德教育是不可或缺的一部分。现代社会需要的是全面发展的人才，而道德素质无疑是其中最重要的一环。在学校，老师应该注重培养学生的道德观念和行为习惯，让他们意识到尊重他人、遵守规则的重要性。

而在企业管理工作中，这句话也具有极高的指导意义。企业管理涉及员工与员工、企业与客户、企业与供应商之间的种种关系。在这些关系中，尊重他人的权益和感受是建立稳定的关系、实现可持续发展的基础。例如，企业在使用员工的个人信息时，应当得到员工的明确同意，并且要严格按照法律规定使用。如果未经员工同意就擅自使用其个人信息，不仅可能触犯法律，还会严重损害企业的声誉和员工对企业的信任。

第四章　会客篇

席南乡北乡，以西方为上

西汉·戴圣《礼记·曲礼》：“席南乡北乡，以西方为上；东乡西乡，以南方为上。若非饮食之客，则布席，席间函丈。主人跪正席，客跪抚席而辞。客彻重席，主人固辞。客践席，乃坐。主人不问，客不先举。将即席，容毋怍。两手抠衣，去齐尺。衣毋拨，足毋蹶。”

【释义】

如果席子是南北方向的，以西方为上座；如果是东西方向的，以南方为上座。如果来的是贵客，就铺好坐垫，坐垫之间相隔一丈。主人跪着给客人摆正坐垫，贵客跪着抚平坐垫并辞谢。贵客就座后，主人才能落座。主人不发问，贵客就不先主动问话谈论。贵客即将入座时，要收敛一下脸色。双手提起衣裳，让下摆离地一尺，衣服不要掀动，双脚不要摆动。

【述评】

这段文字主要描述了古人席位的排列和礼仪。首先，席位的排列并非随心所欲，而是有一定的规矩。席朝南向或北向，以西方为上；席朝东向或西向，以南方为上。这不仅体现了古人对空间方位的重视，也反映出当时的社会地位和尊卑关系。同时，在排列席位时，要考虑到主客关系，应以客人为尊。

在客人到达之前，主人要提前布置好宴席。布席时，要留出足够的空间，方便客人行走和就座。主人跪正席，客跪抚席而辞，这一细节反映出古人对席位的慎重，以及主、客相互尊敬的关系。客人进入席位后，主人才入座，表现了主人的谦逊和好客之道。

在宴饮过程中，主人和客人的互动也有一定的规矩。主人没有寒暄前，客人就不宜主动开口。就座后，客人要保持安静，不随意动手取食，需等待主人的邀请。当客人取食时，要用双手抠衣，保持平稳的动作，不要拨动衣物或脚步踉跄。

这些规定和细节不仅反映了古人对礼仪的重视，也折射出当时的社会文化和人际交往方式。席位的排列和宴饮过程中的礼节，既是古人人际交往的一种方式，也是社会秩序的一种体现。通过这些礼仪，表达了古人对他人的尊重，以及和谐的人际关系和社会秩序。

《红楼梦》中的贾母，是贾府中的最高权威，她不仅在家庭中有着崇高地位，在社会上也受到广泛尊重。在小说中，贾母是一个非常注重礼仪的人，她对待客人、晚辈和下人都有相应的规矩和礼节。正是这种对礼仪的重视和维护，使她在家庭和社会中都得到了高度认可和尊重。

在古代社会，礼仪不仅是一种文化传统，更是一种社会实践和人际交往的方式。在现代社会，我们同样需要注重礼仪和人际交往，以建立和谐的人际关系和社会秩序。同时，我们也应珍惜和传承古代的礼仪文化，让它在现代社会发挥出新的价值。

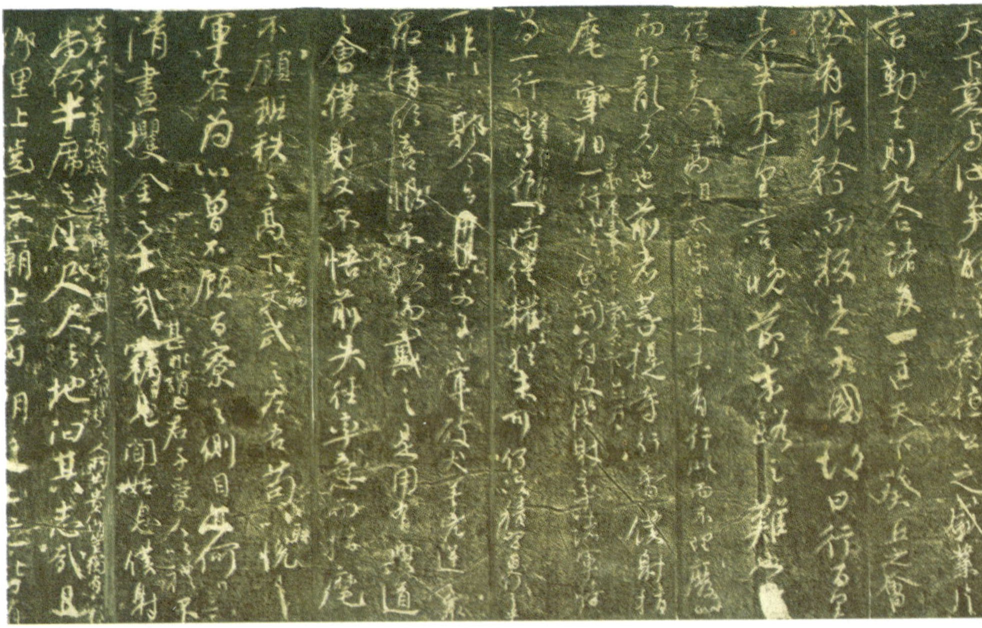

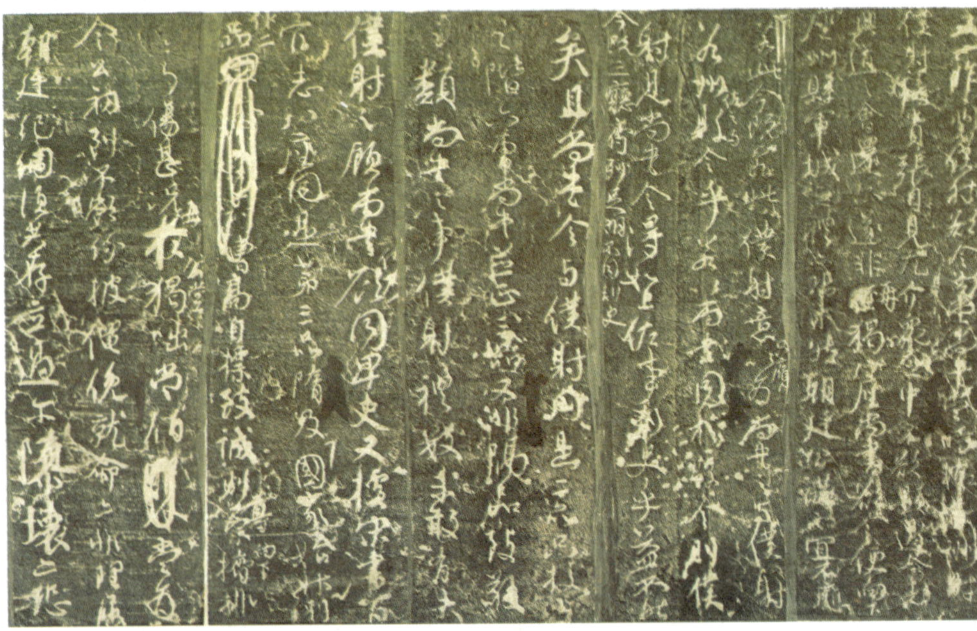

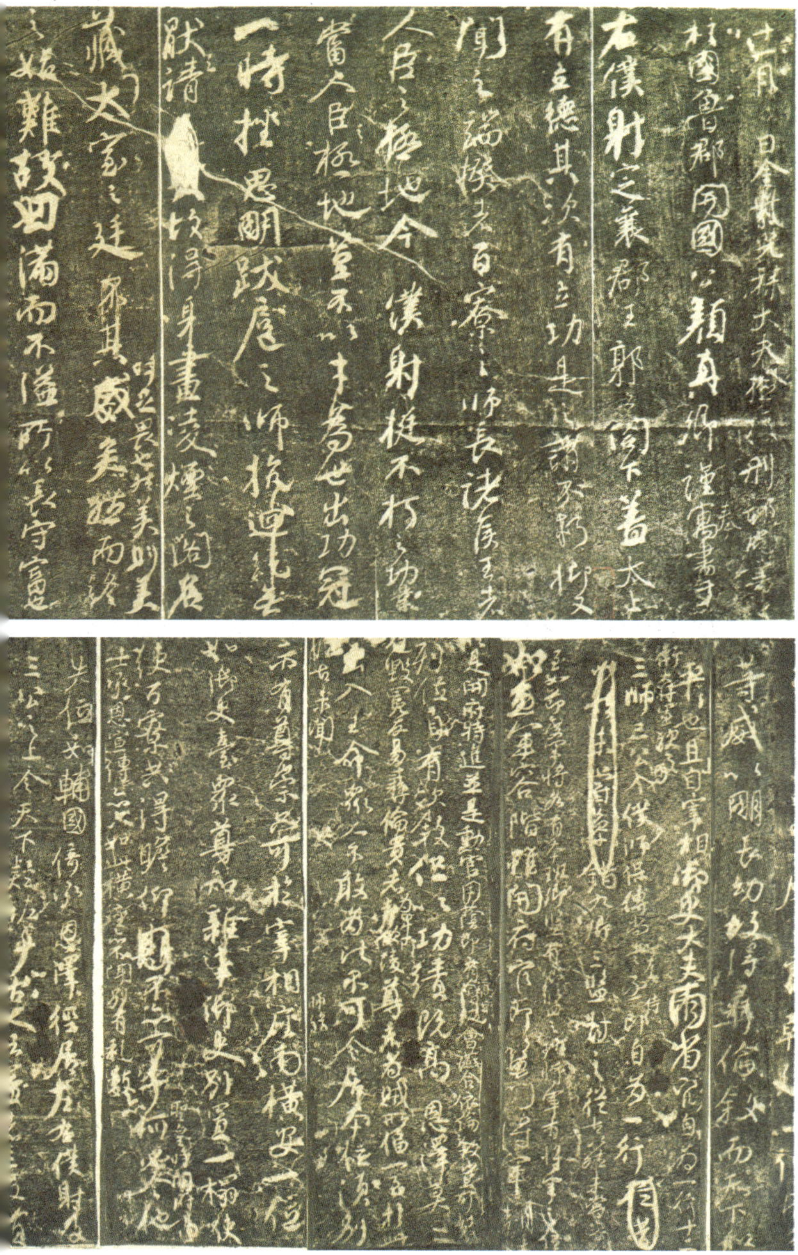

《争座位帖》拓片（局部）

（唐）颜真卿　收藏于西安碑林博物馆

《争座位帖》又名《论座位帖》，此帖是颜真卿致定襄王郭英乂的信件，主要是议论在官宴时朝臣的座位安置问题。

《听曲文宝玉悟禅机》

选自《清孙温绘全本红楼梦》册 （清）孙温　收藏于旅顺博物馆

画面中地位最高的贾母自然居于主位，以东向为尊。

翰墨随緣擬

《藕香榭饮宴吃螃蟹》

选自《清孙温绘全本红楼梦》册 （清）孙温 收藏于旅顺博物馆

清朝时期的家宴除上座外，以东为上，依次就座。

《赏中秋新词得佳谶》

选自《清孙温绘全本红楼梦》册 （清）孙温 收藏于旅顺博物馆

依照世家大族严守长幼有序的古礼，地位最尊贵的人（主人）面门而坐，主人旁边次尊贵。

虚坐尽后，食坐尽前

西汉·戴圣《礼记·曲礼》：“虚坐尽后，食坐尽前。坐必安，执尔颜。长者不及，毋儳言。正尔容，听必恭，毋剿说，毋雷同。必则古昔，称先王。”

【释义】

落座尽量身子靠后，以示谦虚，饮酒吃饭就要尽量靠前。就座必须安稳，保持仪容。长者还没谈到的事，不要插话。表情要严肃，聆听要恭敬。不要抄袭他人的学说，也不要随声附和。必须效法古代圣贤，说话必举称先王之言。

【述评】

“虚坐尽后，食坐尽前”这句话表明了古人对于坐姿的要求。其中，“虚坐”指正式场合的坐姿，要求坐得靠后一些，以示谦逊和尊敬；“食坐”则是就餐时的坐姿，应坐得靠前一些，以示热情和礼貌。这种坐姿的变化不仅体现了古人对于礼仪的重视，也体现了古人尊重他人和谦逊的态度。

“坐必安，执尔颜”则强调了坐姿的端正和表情的端庄。古人认为，一个有修养的人必须具备良好的坐姿和端庄的容颜，这不

《鹿鸣嘉宴图》
（明）谢时臣　收藏于台北故宫博物院

《紫光阁赐宴图》卷（局部）

（清）姚文瀚　收藏于故宫博物院

紫光阁是清朝皇帝阅射及武试的场所，此次宴请的是西征的将士、文武大臣和蒙古的首领。这场宴会按照严格的礼仪制度举办，乾隆皇帝坐于主位，两侧皆有朝臣陪衬侍奉。乾隆重视与少数民族的交往，将藩王的位置安排在御前，与西征将士相对而坐，体现出君主对臣子的关心。

仅是一种礼仪的体现，更是一种内心修养和自我约束。

“长者不及，毋儳言”这句话告诉我们，在与长者交谈时应该保持谦逊和尊敬。长者代表着经验、知识和智慧，因此我们应该以尊重的态度去倾听他们的教诲，不要轻易打断或插话。这种行为规范不仅体现了古人对于尊重和谦逊的要求，也提醒我们要学会倾听和尊重他人的观点。

“正尔容，听必恭”这句话强调了倾听的认真和专注。在古代，一个有修养的人必须具备良好的倾听能力，能够认真倾听他人讲话并给予适当回应。这种行为规范不仅是一种基本礼仪，更是交流和沟通的重要保障。

“毋剿说，毋雷同”这句话告诫我们不要剽窃他人的言论或思想，不要盲从他人。这种行为规范体现了古代礼仪中的独立性和自主性，也提醒我们要具有独立思考和自主决策的能力。

“必则古昔，称先王”这句话强调了尊重传统和历史的重要性。在古代，一个有修养的人必须具备丰富的历史知识和文化素养，能够从历史中汲取经验和智慧。这种行为规范不仅体现了古人对于文化和历史的尊重，也提醒我们要珍视和传承历史文化遗产。

在日益注重个人修养和人际交往的今天，重温这些古老的礼仪规范和道德要求，有助于我们更好地认识自己、提升自我修养，并在人际交往中更加得体、自信。遵循这些规范和要求，我们也可以更好地传承历史文化，让这些珍贵的文化遗产在新时代中焕发出新的活力。

凡进食之礼

西汉·戴圣《礼记·曲礼》："凡进食之礼，左殽右胾，食居人之左，羹居人之右；脍炙处外，醯酱处内；葱渫处末，酒浆处右。以脯脩置者，左朐右末。

"客若降等，执食，兴，辞。主人兴，辞于客，然后客座。主人延客祭，祭食，祭所先进，殽之序，遍祭之。三饭，主人延客食胾，然后辩殽。主人未辩，客不虚口。卒食，客自前跪，彻饭齐以授相者，主人兴，辞于客，然后客坐。

"侍食于长者，主人亲馈，则拜而食；主人不亲馈，则不拜而食。共食不饱，共饭不泽手。毋抟饭，毋放饭，毋流歠，毋咤食，毋啮骨，毋反鱼肉，毋投与狗骨。毋固获，毋扬饭，饭黍毋以箸，毋嚃羹，毋絮羹，毋刺齿，毋歠醢。客絮羹，主人辞不能亨；客歠醢，主人辞以窭。濡肉齿决，干肉不齿决。毋嘬炙。

"侍饮于长者，酒进则起，拜受于尊所。长者辞，少者反席而饮。长者举，未釂，少者不敢饮。

"长者赐，少者、贱者不敢辞。赐果于君前，其有核者怀其核。御食于君，君赐余，器之溉者不写，其余皆写。

馂余不祭。父不祭子，夫不祭妻。

御同于长者，虽贰不辞，偶坐不辞。

羹之有菜者用梜，其无菜者不用梜。”

【释义】

饮食的礼仪：将带骨的肉放在左边，切好的肉则放在右边。饭食放在人的左手边，羹汤则放在人的右手边。细切的肉块摆在碟子外面，酱醋等调料放在碟子里面。蒸葱等佐料放在最里边，酒浆等放在最右边。如果是有脯脩干肉，则左边放干肉弯曲的部位、右边放干肉的末端部位。

在宴请过程中，如果客人身份比主人低，就应该手持饭食起身向主人说辞让的话，主人也要起身劝让客人，经过相互劝让后，客人才能落座。主客落座后，主人开始请客人祭食。祭食的顺序是按照摆放食物的顺序，先上哪个就祭食哪个。所有的菜肴，按顺序全部祭食一遍。吃三口饭后，主人先请客人吃切好的肉块，然后把其他的肴馔都尝个遍。如果主人没有全部品尝完食物，客人就不能饮酒漱口。吃完后，客人要跪着、身体向前把食器撤掉，并交给身边服务的人。这时主人要起身向客人劝辞说不敢劳烦客人，然后客人再行落座。

若是陪同长者进食，当主人亲自布菜时，就要拜谢后再进食；如果主人没有亲自布菜，就不需要拜谢，可直接进食。人多一起进食不能只顾自己吃饱，要注意谦让，人多一起吃饭时不要搓手使手心出汗，要讲究卫生。不要把饭抟成团，也不要将抓起的饭再放回去。喝汤时不要让汤汁从口中流出来，不要大声嚼咽，不要啃骨头，不要把咬过的鱼肉放回盘里，不要把骨头扔给狗，不要专挑好吃的吃，不要为了吃得快而把饭撒出来，吃黍米饭时不要用筷子夹，不要大口吞食羹汤，不要当着主人面在羹汤里搅动，不要当众剔牙，不要喝肉酱。如果客人调和美汤，主人要客气地说自己不擅于烹制；如果客人食用肉酱，主人应谦辞说自己贫穷，以致使备办的食物不充分。湿软的肉可用牙齿咬断来吃，干硬的肉就不能用牙齿去咬断，得用手掰开来吃。吃烤肉时不要大口吞咽。

若是陪同长者饮酒，如果是长者给自己倒酒，要立即站起来，并赶快走到放置酒樽的地方向长者拜谢。长者辞让后，晚辈才可以返回座席准备饮酒。长者举着酒杯未饮时，晚辈不能先喝。

如果是长者赐酒，少者或地位低下的不能推辞。如果在国君跟前接受国君赏赐的水果，吃剩的果核就要藏在怀中。伺候国君进食，国君赏赐吃剩的食物，如果食物放在可洗涤的食器里，就不必倒出来换别的食器盛放；如果食物放在不可洗涤的食器里，那就必须倒出来，另换别的食器盛放后才能食用。

吃剩下的饭菜就不必行祭食礼。父亲吃儿子剩下的饭菜不必行祭食礼，丈夫吃妻子剩下的饭菜不必行祭食礼。

受邀陪侍年长者用餐时，待遇与年长者相同，即使主人进上双份食物也不应推辞；作为陪客与主客并坐时，也无须辞谢。

羹汤中如果有菜，就用筷子夹；如果没有菜，就不用筷子夹。

【述评】

这段文字可以分为几个部分来理解，即座位和食物的摆放、饮食的顺序、吃饭的仪态、饮酒的礼仪等，详细地展示了中国古代人在饮食方面的礼仪和规矩。这些规矩和现代社会的饮食礼仪有很多相似之处，都强调了尊重食物、尊重他人和自我修养。

饮食礼仪是中国文化中非常重要的部分，它规范了人们在饮食方面的行为举止，它的产生可以追溯到商周时期，在这个时期，饮食礼仪已经有了初步的规定和制度。例如，在宴会上，座次的安排和社会地位有关。在餐具方面，当时已经有使用筷子和勺子等规定。此外，在食物的制作和呈献方面也有一定的规矩。这些规定和制度反映了当时社会等级和身份地位的不同。

随着时间的推移，饮食礼仪逐渐得到了发展和完善。在秦汉时期，宴会上的规矩越来越多，座次的安排、餐具的使用、菜品的呈献等都有详细规定。在此时期，还出现了一些与饮食礼仪相关的图书和文献。

到了唐宋，饮食礼仪已达到巅峰。此时，宴会上的规矩和细节更加烦琐、复杂。例如，在餐具方面，除筷子、勺子外，还出现了刀子、叉子等外来餐具。此外，在宴会上，主人和客人的互动也有了更加详细的规定。例如，主人要向客人敬酒、客人要回敬主人等。

在古代，饮食礼仪非常严格，它不仅规定了人们在饮食方面的行为，还反映了社会等级和身份地位的不同。在宴会上，座位和食物的摆放都有严格的规定。一般来说，主座在东、客座在西，主人为客人布菜，客人不能擅自夹菜。此外，餐具的使用也有规定，如筷子的使用方法和汤匙的使用时机等。

在饮食礼仪中，还有一些特别规定和习俗。例如，在宴会上，主人要向客人敬酒，客人要回敬主人，这表示主客之间的互相尊重和友好。另外，在吃鱼时，不能把鱼翻转过来，因为这被认为是“掉头”，不吉利。在吃肉时，也不能把骨头吐出来，因为这被认为是不礼貌的。

除了宴会上的礼仪，还有日常生活中的饮食礼仪。例如，在家庭中，晚辈要向长辈请安，长辈赐座后才能落座。用餐时，要等长辈先动筷子，晚辈才能动筷子。不能大声喧哗，不能用手抓食物，不能让嘴巴发出响声……

饮食礼仪的背后是中国传统文化和价值观的体现。通过遵守饮食礼仪，人们不仅可以展现自己的修养和素质，还可以表达对他人的尊重和关爱。在现代社会，虽然饮食已不再是生活中唯一重要的事情，但是饮食礼仪仍然是我们生活中不可或缺的一部分。通过学习和传承饮食礼仪，我们可以更好地了解和感受中国文化的深厚底蕴和历史传承。

《宴饮雅聚》

选自《苏州市景商业图》册 （清）佚名　收藏于法国国家图书馆

图中展现的是清朝时期的江南民风。画中一处民居内，左上方屋主人正在宴请亲朋好友，欢聚一堂。屋主与贵客同坐一旁，两陪客各坐一边，侍童持酒侍立左右。

燕侍食于君子，则先饭而后已

西汉·戴圣《礼记·少仪》："燕侍食于君子，则先饭而后已，毋放饭，毋流歠，小饭而亟之，数噍，毋为口容。客自彻，辞焉则止。

"客爵居左，其饮居右。介爵、酢爵、僎爵皆居右。

"羞濡鱼者进尾。冬右腴，夏右鳍。"

【释义】

陪同长辈吃饭时，要先为长辈品尝，在长辈吃完后才停止。不要将剩饭倒回食器，喝汤时不要流出嘴外。吃饭要小口快咽。咀嚼要快但不要鼓着嘴巴，吃得一嘴饭。饭后，宾客想收拾餐具，主人应该及时劝阻，宾客也就住手了。

主人向宾客敬酒时，宾客接过后不饮，将酒杯放在左边。主人敬宾客的酒、宾客回敬的酒，以及相互敬的酒，都要一饮而尽，并将空杯放在各自右边以示礼毕。

平常吃鱼，如果是浇有汁的鱼，要将鱼尾朝前。冬天鱼腹在右，夏天鱼脊在右。

《请酒》

选自《瓷器制运图》（清）佚名　收藏于香港海事博物馆

中国一直都有“民以食为天”的说法，饮食文化素来占据重要位置，因而中国人自古重视请客吃饭的礼仪。

《田畯醉归图》(局部)
(南宋)刘履中　收藏于故宫博物院

田畯指的是古代职掌农事的农官，画面描绘的是农官受到村民宴请，吃酒后醉归的场景。

【述评】

在中国的传统文化中，餐桌礼仪一直被视为重要的社交规范，是人们良好的教养和素质的体现。在餐桌礼仪中，陪同长辈吃饭的规矩尤其讲究。

长辈开始吃饭时，晚辈应该陪同他们一起品尝。这不仅是一种礼仪，也是一种照顾和关心。在品尝食物时，我们应该先小口品尝，然后慢慢咀嚼，细细品味。同时，要注意不要将食物残渣掉落在餐桌上，不要随意用手去拿取食物，这些都会影响整个用餐氛围和卫生。

餐桌上的摆放和取食也有一定规矩。例如，在吃米饭时，应用筷子夹起食物，然后轻轻放入口中，而不是用手直接取食。这些细节不仅体现了用餐者的素质，也让人感到舒适和被尊重。

餐桌上的话题和行为也有一定规范。用餐时，应避免大声喧哗和吵闹，不要做出过于夸张的表情和动作。同时，不要在餐桌

上批评主人或者他人的菜品，也不要在用餐时吸烟或者乱扔垃圾。这些都会影响整个用餐的氛围和礼仪。

在一些特殊的用餐场合，我们也需要注意礼仪。例如，在参加婚宴或寿宴时，应该注意穿着得体，不要过于随意或者暴露。在用餐时，应该遵循相应的礼仪规矩，不要随意打扰或破坏整个用餐氛围。

除了上述餐桌礼仪外，还有一些规矩是需要注意的。例如，在用餐前，应该先向在座的长辈或者主人致意或敬酒，以表示尊重和感谢。在用餐结束后，应注意清理餐具和桌面，保持整个用餐环境的卫生和整洁，这些都会让人感到舒适和被尊重。

餐桌礼仪在社交场合也发挥着重要作用。例如，在商务宴请时，商务人员需要遵循相应的餐桌礼仪，以表现出自己的专业素养。在朋友聚会时，每个人都需要遵守餐桌礼仪，以表现出自己的教养和风度。这样做会让人在社交场合更加自信、更受欢迎。

总的来说，餐桌礼仪是文化传统和道德风尚的体现，通过遵守这些礼仪，我们不仅可以展现出自身教养和素质，也可以表达出我们对食物和生活的尊重与热爱。同时，遵守这些礼仪也会让我们在社交场合更加得体和受欢迎。

其未有烛，而后至者，则以在者告

西汉·戴圣《礼记·少仪》：“其未有烛，而后至者，则以在者告。道瞽亦然。凡饮酒，为献主者执烛抱燋，客作而辞，然后以授人。执烛，不让、不辞、不歌。”

【释义】

如果天色已晚，还未点灯，这时又有人来参加集会，主人就将在座的人介绍给他。引导盲人时也是这样。凡是饮酒时，作为主人，如果见天色已晚，就要一手拿着点着的蜡烛，一手拿着未点的火把。看到这种情况，客人应该起身告辞，主人再将已点燃的蜡烛和未点燃的火把交给下人。晚上的宴会，主人不会有太多的讲究，宾客之间也不需要过于谦让和互相辞谢，更无须交替歌唱助兴。

【述评】

在中国古代，礼仪是一种生活态度，它不仅体现了人们的社会身份和关系，更反映出人们内心的精神追求。在晚上集会时，如果天色已晚却没有点灯，这时又有人来参加集会，主人就应该向后来的人介绍在座的人。这种做法的含义是展现主人的好客之心，让客人感受到主人的热情和关心。同时，如果主人一手拿着

《滕王阁宴会图》(局部)　(南宋)赵伯驹(传)　收藏于台北故宫博物院

点着的蜡烛，一手拿着未点的火把，那么当客人不打算留宿时，应起身感谢主人的款待并告辞；而如果打算留宿，则要接下主人的火把，以此表示接受主人的好意。这种礼仪不仅体现了主宾之间的互相尊重和谦让，也展示了主人和客人之间的深厚情谊，其中的默契也尽在不言中。

从这些礼仪中，我们体会到了古人的待客之道和礼仪之邦的精髓。主人以礼相待，热情款待客人，让客人感受到家的温暖和关怀。同时，客人在接受主人的好意时，也以礼相还，表达自己的感激之情。这种主宾之间的互相尊重和谦让，不仅是一种表面形式，更是一种内心交流和情感沟通。

此外，这些礼仪还体现了中华礼仪含蓄的一面。在中国古代，人们注重含蓄和内敛，不喜欢过于张扬和直接的表达方式。因此，在集会和做盲人向导的礼仪中，主人和客人都采用了较为含蓄的方式来表达自己的情感态度。例如，在集会时，主人向客人介绍在座的人，并不会直接说出“请认识一下我的朋友”，而是以一种比较含蓄的方式，向客人介绍各自的身份和背景。这种含蓄的表达方式，不仅体现了中国古代人民的文化传统，也展现了他们的智慧和修养。

酒斟满，茶倒浅

“酒斟满，茶倒浅”是句谚语，当代作家欧阳学忠《大武当》第十五章有载：“俗话说：‘酒斟满，茶倒浅。’深山小县的古雅女子，虽不知此理，倒也显得厚道娇憨。”

【释义】

斟酒要满杯，倒茶则不要倒满。

【述评】

在中国的饮食习俗中，酒和茶是两大不可或缺的角色。在宴席上，给客人斟酒倒茶的礼仪更是至关重要。其中，“酒斟满，茶倒浅”这句俗语形象地概括了这一礼仪。

首先说说“酒斟满”。在古代，由于存在不少在酒中下毒的情况，因此主人在为客人倒酒时，必须将酒倒至满溢，这样在碰杯时，杯中的酒就会溅到对方的杯中，从而消除客人的戒备之心，同时也显示出主人的诚挚待客之道。这个习俗一直沿用至今，即便现在毒药已经不再是酒席上的威胁，但“酒斟满”的礼仪依然作为一种文化传统被保留了下来。

适量饮酒可以增加宴席的氛围，激发人的情感，正所谓“无

《醉归图》（清）袁江　收藏于旅顺博物馆

图中描绘的是宫廷宴会醉酒散场的画面。唐朝是历史上经济文化最繁荣的时期之一，这一时期的饮酒文化也十分讲究。作为一种社交方式，唐人喜在酒宴中吟诗作对、交流感情。唐朝的饮酒步骤主要包括拜、祭、啐、卒爵。即先行拜礼，再祭谢大地，随后品尝酒味，最后一饮而尽。

《醉八仙图》卷（局部）
（明）佚名　现藏不详

“醉八仙”指唐朝八位爱酒的学者：贺知章、汝阳王李琎、崔宗之、苏晋、李白、李适之、张旭、焦遂。
唐朝杜甫作诗《饮中八仙歌》：“知章骑马似乘船，眼花落井水底眠。汝阳三斗始朝天，道逢曲车口流涎，恨不移封向酒泉。左相日兴费万钱，饮如长鲸吸百川，衔杯乐圣称避贤。宗之萧洒美少年，举觞白眼望青天，皎如玉树临风前。苏晋长斋绣佛前，醉中往往爱逃禅。李白一斗诗百篇，长安市上酒家眠。天子呼来不上船，自称臣是酒中仙。张旭三杯草圣传，脱帽露顶王公前，挥毫落纸如云烟。焦遂五斗方卓然，高谈雄辩惊四筵。”

酒不欢”。然而，在畅饮的同时，主人和客人都需要掌握好度，根据自己的能力来饮酒，不应强行劝酒或贪杯。人们在总结酒道时提出了“敬”“欢”“宜”三大原则，这意味着在饮酒过程中需要展现出充分的敬意，双方都感到愉悦，同时要适可而止。无论是倒酒还是劝酒，都需要以这些酒道为底线。

相对于“酒斟满”的观念，有“茶倒浅”的说法。俗语说“茶要七分满”或“倒茶只倒七分满，留得三分是人情”，表明了“七分满”的浅茶同样代表着对客人的尊敬。如果茶倒得太满，可能会被视为对客人的不敬，类似于让客人牛饮，就有骂人的嫌疑。

因此，倒茶时要适度，不要倒得过满。从情理上而言，“茶倒浅”的礼仪可能是出于对以下两种情况的考虑：首先，茶倒得少了，显示不出主人足够的诚意；其次，茶倒得满了就容易溢出来，客人喝茶不便，主人也尴尬，这是最大的失敬。因此，“茶倒浅”的礼仪既体现了主人的诚意和对客人的尊重，也照顾到了客人的舒适和感受。

总的来说，“酒斟满，茶倒浅”的礼仪既体现了中国传统文化中待客的诚挚和尊重，也反映了饮食文化中的智慧和人情世故。在今天的宴席上，我们仍需要遵守这一礼仪，让饮食不仅能满足口腹之欲，更能传递情感、增进友谊。

《林榭煎茶图》（局部）（明）文徵明
收藏于天津博物馆

《惠山茶会图》（局部）（明）文徵明
收藏于上海博物馆

第五章　仪态篇

足容重，手容恭

西汉·戴圣《礼记·玉藻》：“足容重，手容恭，目容端，口容止，声容静，头容直，气容肃，立容德，色容庄。”

【释义】

脚步应当稳重，手势应当恭敬，眼睛应当端庄，嘴巴知道止话，声音应当平静，头部应当直立，气息应当严肃，站姿应当端正，表情应当庄重。

【述评】

在中国古代，君子们通过修身养性，在待人接物时展现出一种特定的风度与气质，这便是我们所说的“九容”。“九容”不仅体现了他们的精神风貌，也反映出他们的道德品质。

第一，是“足容重”。我们的脚步应当稳重、从容，这能体现我们的沉稳与自信。如果匆匆忙忙、慌慌张张，则容易给人一种急躁、不成熟的感觉。

第二，是“手容恭”。我们手势应当端正，不要过于张扬或过于收敛。在无事可做时，我们应该保持安静，不要随意乱动，以免给人一种不安定、不成熟的感觉。

第三，是“目容端”。我们的眼睛应直视对方，表示我们对他人的尊重和关注。不能斜眼、偷看或盯视，这样会让人觉得我们不尊重他人。眼睛是心灵的窗户，我们的眼神应该透露出真诚和善良。

第四，是“口容止”。我们应该在合适的时候说话，不能喋喋不休、啰哩啰唆。在表达我们的观点时，应清晰、简洁，不能含糊其词，让人不知所云。同时，我们也应学会倾听他人的观点，给予他人足够的尊重和关注。

第五，是“声容静”。我们的声音应该平和、寂静，不能大声喧哗。嘈杂的声音会让人觉得我们缺乏修养和教养，应该用柔和的声音与人交流，让人感受到我们的温暖和友好。

第六，是“头容直”。头应摆正，不能摇头晃脑。这样的姿势会让人觉得我们自信、大方，有尊严。

第七，是“气容肃”。我们的呼吸应该轻柔均匀，不能急促或过于缓慢。这样的呼吸会让人觉得我们沉着、冷静，有自制力。

第八，是“立容德”。我们的站姿应端正，保持中立，不倚不靠。这样的站姿会传达出我们的自信和坚定，也体现出我们的道德品质。

第九，是“色容庄”。我们的面容应该庄重，不能做出过于夸张的表情，应保持一种平和的态度，让人感受到我们的沉稳和内敛。

“九容”中，孔子特别强调了“色难”，即保持和颜悦色的难处。他认为用衣食孝养父母比较容易，但经常保持和颜悦色，是最难做到的。这表明虽然物质上的供养很重要，但给予家人精神上的关爱和支持更为重要。

值得注意的是，“九容”并不仅仅是对外在表现有要求，更重要的是对内在修养也有要求。没有内在修养，外表的行为随时会改变。因此，我们应该注重内在的修行，提高自身的道德品质和人格魅力。

古代君子往往注重内外兼修，他们不仅注重外表仪态，更注重内心修炼，通过不断努力和实践成为具有高尚品德和崇高精神的人。他们的言谈举止成了后人效仿的榜样。

今天，虽然社会环境和古代有很大不同，但“九容”所体现出的君子精神仍然值得我们学习和借鉴。我们应该在日常生活中注重自己的言谈举止，提高自身的修养和素质。同时，我们应在学习和工作中努力追求卓越，实现自己的价值和梦想。

陈子龙像

倪瓒像

张尚文像

张衡像

《贤者姿态》

选自《松江邦彦画像》册 （清）徐璋　收藏于南京博物院

云间是松江旧称，“邦彦画像”指的是明朝时期松江的贤者画像。画册中人物或坐或站，面相谦和，仪态端庄，颇具大家风范。

衣贵洁，不贵华

清·李毓秀《弟子规》：“衣贵洁，不贵华；上循分，下称家。”

【释义】

穿着的重点在于整洁，而非衣服的昂贵程度或华丽程度。我们应该根据自己的身份和所出席的场合来选择服饰，同时要考虑到家庭的经济状况。

【述评】

在某些场合，衣着打扮是一个人身份和地位的象征。然而，古人在衣着方面所追求的并不是华丽的服饰，而是整洁、俭朴和合时宜的穿着。

首先，古人非常注重衣着的整洁。例如，唐朝著名诗人和政治家张九龄，非常注重自己的仪表，总是衣帽整洁。他的仪表不仅赢得了路人的赞赏和皇帝的青睐，还为他带来了好人缘。

其次，衣着要合时宜。以嵇绍为例，他是西晋一位有名的贤士。一次去见齐王时，齐王想让他演奏乐曲，但嵇绍认为自己穿着朝服，不愿做乐工之事。他的行为表明在穿衣方面注重场合和自己身份的重要性，这也是我们应该学习的。

最后，衣着还应注重俭朴。晏婴是春秋后期齐国的宰相，他地位崇高，家境优裕，生活却非常俭朴，一件毛皮大衣穿了 30 多年都不舍得丢弃。晏婴多次拒绝了齐景公的赏赐，坚持自己的俭朴生活。晏婴的例子告诉我们，穿衣不在于昂贵华丽，而在于整洁、俭朴。

通过以上几个例子，我们可以得出一些关于衣着的启示。古人以张九龄、嵇绍和晏婴为榜样，注重衣着的整洁、合时宜和俭朴。我们也应该向他们学习，注重自己的衣着形象，展现出良好的个人素养。

在当今社会，许多人追求名牌和高档服装，甚至不顾自己的经济状况盲目跟风。然而，这种追求并不能提升一个人的内在品质，反而可能导致浪费和负债。我们应该学习古人的衣着价值观，注重衣着的整洁、俭朴，根据自己的经济状况选择合适的衣服，让自己成为一个自信、有品位的人。同时，我们要尊重他人的选择，不要以貌取人，要关注人的内在品质。

此外，穿衣还要考虑自己的身份和场合。在工作场合，我们应该穿着得体、正式，体现自己的职业形象；在家庭中，穿着应该舒适、随意，体现家庭的温馨与和谐。

在选择衣服时，我们应根据自身身份和场合来衡量，而不是盲目追求时尚和潮流。

张九龄像

选自《古圣贤像传略》清刊本
（清）顾沅 / 辑录 （清）孔莲卿 / 绘

张九龄（673 或 678—740），字子寿，韶州曲江（今广东韶关西南）人，唐朝政治家、文学家，官拜宰相。他十分注重自身的礼仪，风仪甚整，一度被人称为“曲江风度”。

《焚裘示俭》(局部)

选自《帝鉴图说》法文外销画绘本 (明)张居正等/编 (清)佚名/绘
收藏于法国国家图书馆

晋史记载:"(晋)武帝时,太医司马程据献雉头裘,(帝)命焚之于殿前,诏中外,自今毋献奇技异服。"

《留衲戒奢》

选自《帝鉴图说》法文外销画绘本 （明）张居正等/编 （清）佚名/绘
收藏于法国国家图书馆

《宋书·徐湛之传》记载："（宋）高祖微时，尝自于新洲伐荻，有衲布衫袄，臧皇后手所作也。既贵，以付其长女会稽公主曰：'后世有骄奢不节者，可以此衣示之。'"

食不语，寝不言

先秦·孔子弟子及其再传弟子《论语·乡党》：“食不语，寝不言。虽疏食菜羹，瓜祭，必齐如也。”

【释义】

嘴里吃着东西时不要说话，睡觉时不要发出声音。即便是吃粗饭菜汤，也要先祭食，而且一定要像斋戒时那样恭敬。

【述评】

如今，在餐桌上交流成为人们增进感情的一种方式。然而，在古老的传统中，却有“食不语，寝不言”的教诲。

在一次参加国学讲座时，我对这一教诲产生了新的理解。那次国学讲座对礼仪的要求十分严格，其中便包括“食不语，寝不言”的规定。吃饭时不能说话，也不能剩下饭菜。尽管如此，还是出现了小插曲。一位学员打了一份很辣的菜，但她最怕辣，不知道该如何处理。她和邻座的朋友商量，但被义工制止，因为这违反了“止语”的规定。我开始思考，这样的规定是否真的必要？

从造字的角度来看，“语”是指与“我”有关的言语，而“止语”则指停止与“我”有关的言语。这让我意识到，“止语”不仅是停止说话，更是要破除言语上的我执。在餐桌上，如果我们能少说与自己有关的话题，而是关心他人，这不仅能温暖他人，也能温暖自己。

现在我们常常在餐桌上谈论与饮食无关的话题，这不仅影响了食欲，也影响人际关系。如果我们能做到“食不语”，专注于饮食，或许能更好地享受美食，也能增进亲情和友情。而在睡眠时，如果我们在意的是还未完成的任务和自己的小情绪，可能会影响睡眠质量。如果能做到“寝不言”，放下心中执念，或许能更好地放松身心，享受舒适的睡眠。

在现代社会，由于工作和生活的节奏加快，人们往往忽视了“食不语，寝不言”的重要性。为了保持身心健康，我们应尽量遵循这一古训，在饮食和睡前放松身心，享受生活的美好。

在家庭聚餐或朋友聚会时，我们可以适当地交流，但也要注意不能影响食欲和消化。在睡觉前，可以尝试营造一个安静的环境，放下手机等干扰物，专注于呼吸和身心放松，以进入深度睡眠状态。

此外，在工作中我们要注意不过多谈论与工作无关的话题，这有助于维护和谐的工作氛围。

总之，“食不语，寝不言”这一古训在当今社会依然具有重要意义。我们要学会在饮食和睡前遵循这一规范，尊重他人感受，关注身心健康，让自己的生活更加美好。

《静听松风图》

（南宋）马麟　收藏于台北故宫博物院

画中，一高士正在山水间静心打坐，听山水的自然之音。在生活中，不仅『食不语，寝不言』能够帮助我们更好地放松身心，打坐冥想同样能够帮助我们聚气凝神，身心双修。这种方式可使人完全放松下来，获得美好的心情，使我们做出更加正确的判断。

席不正，不坐

先秦·孔子弟子及其再传弟子《论语·乡党》："席不正，不坐。"

【释义】

由于坐席摆放得不端正，不合礼制，因此不就座。

【述评】

孔子是一个非常注重礼仪的人，他认为礼仪是一个人的修养和品格的体现。在他看来，礼仪不仅是一种形式，更是一种态度，体现了对他人的尊重和关注。因此，他非常注重礼仪的细节，从言谈举止到服饰穿着，都要求自己和学生们做到合乎礼仪。

有一天，孔子去参加宴会，当他准备落座时，发现席子没有摆放端正。如果席子不正，那么他的坐姿也会不正，这不符合礼仪。因此，孔子拒绝坐下，直到席子被摆放端正。

这件事情虽然看着很小，却让我们看到了孔子对于礼仪细节的高度关注。他认为礼仪的细节更能体现个人的修养。坐姿要端正，这就要求席子的摆放也必须端正。如果席子摆放不正，那么就会导致坐姿不正。

如今，我们已经不再使用席子，但是这种礼仪的精髓仍然值得我们借鉴和学习。在社交场合，一个人的礼仪是否得体，往往体现在他的行为细节上。那些真正掌握礼仪精髓的人，能够在社交场合自如应对各种情况，并通过细节展现他们的个人素养。礼仪是一个庞大的行为体系，其中包含的细节数量繁多。如果我们希望在各方面都表现出彬彬有礼的态度，就必须通过实践来提升自己。这并不是一朝一夕可以迅速掌握的，需要我们长期不断努力和实践。

有些人可能会觉得，坐席不正，就不坐，这是不是太严苛了？但是，如果我们仔细思考一下，就会发现这种注重细节的态度是非常有意义的。当一个人偏离正道时，往往是从一些微小的偏差开始的。这些偏差可能来自一些看似微不足道的行为习惯，如不注意言谈举止、不尊重他人、不守时等。当这些行为习惯逐渐成为常态时，就会对整个社会产生负面影响。当每个人都只追求自己的私利时，就会导致相互争斗、欺诈，甚至损害他人和社会利益。这种行为会破坏淳朴的民风，使得社会变得冷漠和自私。因此，我们应该注重自己的言谈举止，时刻保持真诚、善良、坚忍的态度，这是做人的根本。只有这样，我们才能建立一个和谐、友善、互信的社会环境。

除了个人的修养和品格，注重细节的态度还有助于提高工作效率。工作中一个小小的细节失误都可能导致整个项目的失败。因此，注重细节的态度可以让我们在工作时更加认真、细致，从而提高工作效率和团队协作效果。

注重细节是一种良好的习惯和态度，它不仅是礼仪中的一种正确态度，也是提高个人修养、促进团队协作的有效途径。在我们日常生活中，无论是学习礼仪还是与人交往，都应注重其中的细节，让自己成为一个更加优秀、有修养的人。

古人不同时期的坐姿

正襟危坐，是古人在社交时表现出的一种礼仪。古人十分讲究“站有站相，坐有坐相”。《荀子》：“容貌、态度、进退、趋行，由礼则雅，不由礼则夷固僻违，庸众而野。”交椅出现之前，古人席地而坐，因此这一时期的坐姿主要分为两种，一种是“跽坐”（正坐），屈膝跪坐；另一种是“趺坐”（双盘），双脚交叠盘坐。唐朝时交椅出现，人们开始垂足而坐，这时的坐姿礼仪也发生了相应变化。例如，《弟子规》要求：“步从容，立端正，揖深圆，拜恭敬。勿践阈，勿跛倚，勿箕踞，勿摇髀。”

《晋文公复国图》(局部)

(南宋)李唐(传) 收藏于美国纽约大都会艺术博物馆

先秦时期，由于没有高足家具，人们以席作为主要的坐卧工具。画面中，两人的坐姿便是席地盘腿的坐姿形态。

《王原祁艺菊图像》卷（局部）
（清）禹之鼎　收藏于故宫博物院

画面中，王原祁脚踩搁脚的脚踏，怡然自得地坐于榻上，正欣赏庭院中的菊花。坐榻作为一种坐卧工具，是古代较为常见的家具。清朝《老老恒言》云：“卧榻亦可坐，盘膝跏趺为宜。背无靠，置竖垫，灯草实之，则不下坠。”

《十同年图》卷（局部）
（明）佚名　收藏于故宫博物院

画面描绘的是明朝弘治年间十位朝臣聚会的场面。聚会的诸人几人一组，正襟危坐于座椅之上，坐姿端正，神情庄重。

游毋倨，立毋跛，坐毋箕，寝毋伏

西汉·戴圣《礼记·曲礼》："游毋倨，立毋跛，坐毋箕，寝毋伏，敛发毋髢，冠毋免，劳毋袒，暑毋褰裳。"

【释义】

走路的时候不要做出俯身弯体的姿势，站立的时候不要偏斜，坐着的时候不要叉开双腿，睡觉的时候不要趴着。头发应束起而不要披散，帽子不要随意摘下，劳作的时候不要袒露身体，暑天不要掀起衣服。

【述评】

在日常生活中，我们的行为姿态形成了所谓的"人体语言"，传递出我们的情绪、态度和个性。这些姿态包括我们行走、站立、坐着和睡觉的姿势。在古代，这些行为规范被高度重视，它们被视为展现个人修养和社会地位的重要标志。今天，我们来深入探讨一下这些看似微小的姿态如何塑造我们的形象，影响我们的人际关系，甚至影响我们的健康。

"游毋倨，立毋跛，坐毋箕，寝毋伏"告诉我们应当保持优雅得体的姿态。具体来说，行走时不要显得傲慢，要保持平稳的步伐，不要过于匆忙急躁；站立时要保持平衡，不要偏斜或跛脚，否则会给人一种不自信的印象；坐着时不要叉开双腿，以免给人一种不雅观的感觉；睡觉时不要趴着，应选择一个正确的睡姿，以形成良好的睡眠质量。

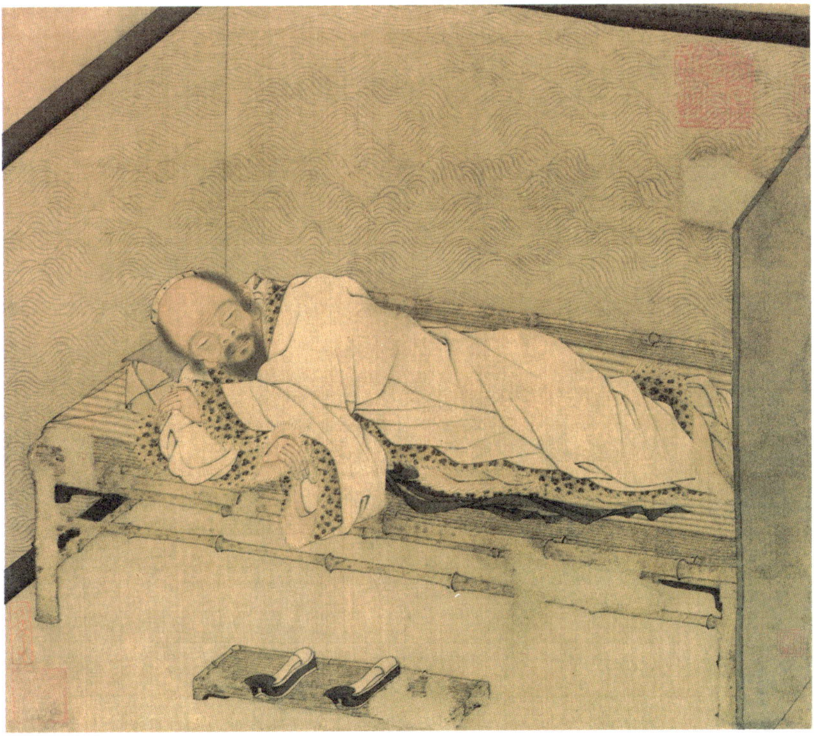

《竹榻憩睡图》

（元）佚名　收藏于美国纽约大都会艺术博物馆

睡眠是养精蓄锐的过程，也是人类最重要的需求之一。唐代医学家孙思邈在《千金要方·道林养性》中写道：“屈膝侧卧，益人气力，胜正偃卧。”侧卧睡姿对人体气力的运行大有益处。画面中的老者正是侧卧身躯，闭目养神。

“敛发毋髢，冠毋免，劳毋袒，暑毋褰裳。”这句话进一步规范了我们的个人行为。头发要整洁束好，不要披散下垂；帽子不要随意摘下来；劳作时不要把衣服解开，以示对工作的尊重；天热时不要掀起衣服降温，以保持优雅的形象。

这些古老的智慧来自古代先人们对生活细致入微的观察和思考。他们认识到，优雅的姿态不仅能提升个人形象，更能传递出一种积极向上的生活态度和对他人的尊重。

在当今社会，我们同样应该重视这些传统行为规范。良好的姿态不仅有助于我们的身体健康，还能提升我们的人际关系。优雅的姿态能展现出我们的自信和魅力，使我们在人际交往中占据主动。

为了实践这些行为规范，我们可以从日常生活中做起。首先，保持正确的坐姿，尽量避免长时间低头使用手机等电子设备，减轻颈椎负担。其次，适当进行体育锻炼，如做瑜伽、普拉提等，帮助我们提高身体的柔韧性和平衡感，从而改善我们的姿态。

总的来说，古代的《礼记·曲礼》中的行为规范对我们今天的生活仍具有重要的指导意义。我们应从中汲取智慧，保持良好的行为姿态，提升我们的个人形象和生活质量。这既是对自己的尊重，也是对他人的尊重。在这个瞬息万变的现代社会，让我们以优雅的姿态，塑造一个更好的自我，与他人形成更加和谐的关系。

注重仪容仪表的古代女子

《礼记·昏义》记：“德容言功”。德指品德，容指仪容，言指言辞，功指女红。这是古代礼制针对女子的礼仪要求。

《闺秀诗评图》（宋）盛师颜（传） 收藏于美国弗利尔美术馆

画中女子身姿挺拔，端坐于榻上，俯首读书。

《水阁梳妆》（局部）

选自《月曼清游图》册 （清）陈枚 收藏于故宫博物院

画面中的女子或坐或立，坐于梳妆台前的女子轻盈地拂动洗手盆中的水，凭栏处的女子轻摇罗扇，似在与之对话。遥遥看去，仕女们好似章台杨柳，亭亭玉立。